付録　民謡CD

島根の民謡

歌われる古き日本の暮らしと文化

酒井董美
藤井浩基

三弥井書店

島根の民謡　目次

序

私が民話やわらべ歌などの口承文芸を集め始めたのは、一九六〇年（昭和三十五年）一月からだったから、半世紀近くになる。この中には労作歌や歳事歌などの素朴な民謡もけっこう収録してあるが、それらの多くは産業構造の変化でうたう機会を失ってしまっている。今のうちに活字化しておかなければ、永遠にこの世から消えてしまうことになりかねない。このような危機感を持っていたところ、それを知った朝日新聞松江総局長（当時）、浅野稔氏から連載のお勧めをいただいた。このようなことで二〇〇五年（平成十七年）四月五日付の同紙、島根版の紙面から、原則として毎週一回火曜日に連載は始まり、翌年十一月二十一日付の第七十回で終了した。本書はそれをまとめたものである。この目的から取り上げた民謡は、臼挽き歌や田植え歌、大漁歌、盆踊り歌などが主であり、有名な安来節や関の五本松などの座敷歌は入っていない。

また、連載に当たってはメロディーについても読者に理解していただく必要があり、この面では島根大学准教授で音楽教育を専門としている藤井浩基氏に共著者の立場でお願いした。氏は私の録音テープを再生しつつ採譜をしてくださった。

ただ、連載では私の解説と、藤井氏の採譜による楽譜を掲載するという形だったので、今回、書籍にするにあたって、新聞紙面では書く機会のなかった藤井氏に、採譜について考慮された点などの解説をお願いした。今後、この面で研究する方にとって、本書はこよなき入門書になることと思う。

また、イラストはこれまで民話などで一緒に仕事をし、できばえに定評のある福本隆男氏に担当してもらった。ここに心から感謝するものである。

二〇〇九年（平成二十一年）六月

著者を代表して

酒井董《ただ》美《よし》 記す

次代につなぐ地域の音楽遺産「島根の民謡」——採譜と音楽教育の視点から

藤井浩《こう》基《き》

I．採譜の基本方針

本書に収録された七十曲の楽譜は、酒井董美氏が五十年近く前から録音してこられたカセットテープの音源を、私が聴き取り、五線譜に採譜したものである。

本書は、『朝日新聞』島根版に連載されたものを基にしている。新聞紙面という制約のなかで、詞章と解説だけでは、どうしても音楽として伝えることはできない。そこで、五線譜による楽譜を毎回掲載することになり、私は酒井氏よりその作成を依頼された。

連載は、二〇〇五年四月から二〇〇六年十一月まで、七十回にわたり毎週続けられた。楽譜の掲載により、読者諸氏には多少なりとも、旋律やリズムを中心に、それぞれの民謡の雰囲気を感じ取っていただけたのではないかと思う。

一方で、民謡のありのままの姿を伝えようとする時、五線譜の限界も承知しておかなくてはならない。田中健次氏は「（民謡を）五線譜化しても外国語の発音をカタカナであらわすようなもので、不完全なものにしかなりません」（田中 二〇〇八 二六四頁、括弧内筆者）と述べている。また、柴田南雄氏は「5線《ママ》譜上に固定された民謡旋律は当の採譜者ならばある程度正確な再現ができるだろうが、第三者にとっては必ずしも情報を十分に伝達する記号ではあり得ない」（柴田 一九七八 一二頁）という。こうした指摘を心に留めつつ、本書では、五線譜のメリットを何よりも汎用性の高さにおいた。その上で、以下の二点を中心に、採譜のあり方を検討した。

第一に、五線譜化によって、本来、民謡のもっている微妙な音程や自由なリズムを、単純化せざるをえない。ここでの五線譜化とは、記号化できないさまざまな要素に目をつぶり、単純化、平均化していく作業であった。また、新聞連載は広く一般読者を対象としており、楽譜は平易なものでなくてはならない。そこで、音楽記号については、中学校の教科書程度を基準とした。中学校音楽科の教科書にも、日本の民謡を五線譜化した楽譜が掲載されている。これらを参考にし、楽譜作成に当たった。

第二に、演唱者によって、歌う度に異なる「一回性」をどのようにとらえて楽譜化するかという問題である。これについて、徳丸吉彦氏は音楽の伝承という観点から、アメリカの音楽学者チャールズ・シーガー（Charles Seeger 1886-1979）による楽譜の分類を例に、楽譜のあり方を論じている（徳丸 一九九一 七五頁）。シーガーは、楽譜には演奏を規定する規範的な（prescriptive）ものと、ある特定の演奏を記録した記述的な（descriptive）ものの二種類があるとする（Seeger 1958）。

この分類によれば、本書の楽譜は、明らかに後者の「記述的な」楽譜に該当する。ある地域の、ある演唱者が、ある時に歌った一回のみの演唱を録音し、それを頼りに採譜したものである。したがって、ここでの楽譜は「演奏を規定する規範的なもの」ではまったくない。民謡は、時と場合により、自由に、そして可変的に演唱されるものである。そこで、即興性や可変性の余地を残す意味でも、平易な記譜を心がけた。

本書には付録として、酒井氏が録音した民謡そのものを収めたCDが同梱されている。私たちは、民謡の伝承のあり方について、理論的な面からも検討し、本書を詞章、解説、楽譜、CD、イラストによって構成することにした。

音楽の伝承に関連し、上述の徳丸氏は、音楽の記録の手段について、口頭性と書記性という二つの特性による基本的形態を提示した（徳丸 一九九六 九三―九四頁）。口頭性とは、人から人へ、記憶を媒体として、口頭で伝承し、記録していく特性をさす。一方、書記性とは、楽譜や文字や図形など、記すことが可能なものによる記録の特性である。本書の楽譜は、書記性による記録ということになる。

さらに徳丸氏は口頭性を、第一次口頭性と第二次口頭性に分類する。第一次口頭性は、その時その場で生きた人から人へと口頭で伝えられるものである。第二次口頭性は、録音や通信手段等によって、時間や距離が離れていても伝えられるものである。私の採譜した楽譜が書記性によるものであるとすれば、同梱のCD

は第二次口頭性によるものである。本来、民謡は、第一次口頭性によって伝承されてきた。酒井氏によれば、本書に収録された七十曲の多くは、昭和三十年代～五十年代に録音されたものであるという。そのうち現在もどれだけ第一次口頭性によって伝承されているだろうか。その調査は今後の課題となろう。

ところで、このＣＤは資料性を重視し、あえて音声を編集せずに収録してある。私も基本的に同じ音源を聴き採譜している。ただ、録音環境や録音状態、また演唱者の即興性や演唱の安定度等により、必ずしも曲の冒頭から採譜したわけではない。曲によっては、一番ではなく二番以降、あるいは繰り返しの部分を採譜したものや、音を取りやすい箇所をパッチワークのようにつぎはぎしたものもある。

ＣＤの再生時に、録音と楽譜との齟齬を感じられる読者も多いかと思われる。読者諸氏には、採譜、記譜の基本的な方針をご理解いただいた上で、楽譜と録音の両方から、相補的に各曲の音楽的要素や特徴をとらえていただきたい。

Ⅱ．記譜について

1．楽譜に記した歌詞は、基本的に解説文中の詞章に基づき、ひらがなとカタカナで表記した。（　）は、詞章にはないが、演唱者が即興的に囃子詞《はやしことば》等を入れているものについて記した。

2．紙面の都合上、歌詞は基本的に一番までとした。一番、二番のように、番数毎に曲が完結するものについては、楽譜の末尾に終止線を記した。特に、番数の明確な区切りのないものついては、歌詞の意味や内容をふまえた上で、曲の冒頭から8～16小節程度を目安に採譜した。その場合は終止線を記していない。

3．曲の速度はメトロノーム記号で示した。「♩＝60」と書かれていれば、一分間に四分音符を六十数える速さとなる。本書での数字は、固定されたものではなく、目安にすぎない。したがって、メトロノーム記号の後には「ぐらい」と付記した。

4．日本の民謡のリズム型は、一般的に、拍節リズムによる「八木節様式」と、自由リズムによる「追分様式」に分けられる場合が多い。「八木節様式」は、八木節にみられるように、はっきりとした拍があり、シラビック（一音節に一音が対応）なリズム型によるものである。一方の「追分様式」は、いわゆる追分節や馬子唄、木挽き歌にみられるように、明確な拍がなく、メリスマティック（一音節に多数の音が対応）なリズム型によるものである。

本書に収録された曲には、自由リズムに近いものも多数みられるが、楽譜の読みやすさを考慮して、一部をのぞき、基本的に拍節リズムによる記譜とした。

5．音高については、録音された演唱における音高をそのまま記譜するようにした。歌い出しの音高が不安定なものについては、歌詞の二番以降や音高が比較的安定している箇所を手がかりに採譜した。また、臨時記号を最小限にとどめるため、便宜的に調号を用いた。ただし、各曲に用いられている音階は、その調に基づくものではない。

6．演唱者が曲中で明らかに息継ぎをしたと認識される場合は、ブレス記号∨を記した。録音から息継ぎの確認はできないものの、声が一瞬止まり、息継ぎをしたのではないかと推察される箇所については、ブレス記号を（）で括って記した。休符の間に息継ぎをした場合には、特にブレス記号を記していない。

Ⅲ．音楽教育の立場から　―今、あらためて注目される民謡―

島根県は、石見神楽をはじめとした神楽、舞楽の伝統を引く隠岐の蓮華会舞、全国的にも有名な民謡「安来節」や「関の五本松節」など、各種民俗芸能の宝庫として知られている。無形文化財に指定され、保存、伝承される民俗芸能がある一方で、人々の日常的な生活から生まれ、地域に根づいてきた無名の民俗芸能が多数あることも忘れてはならない。本書に収録された七十曲は、その一端を示すものであろう。

ただ、生活様式が現代化し、高度な情報化が地方の隅々まで及んでいくなかで、地域の伝統芸能が均一化されつつあり、失われていくものも数多い。近年は市町村合併等により、地域の境界線が消えつつあり、地域の伝統文化の独自性をいかに保持し、伝承していくかが新たな課題となっている。三隅治雄氏は「民謡が消えてしまうかどうかという問題は、各県、各地域のそれぞれの人びとが民謡に対しての理解あるいは関心をもつかどうかにかかっています」と、人々の関心を喚起する（三隅　一九九〇　一六九頁）。酒井氏が昭和三十年代から、こうした危機意識をもち、県内をくまなく歩いて録音してこられたのは慧眼というほかない。

私が、採譜を手がけた原動力に、「島根の民謡」そのものへの興味、酒井氏の仕事への敬意と共感があったことは言うまでもないが、そこには同時に、私が携わる音楽科教育という視座からの問題意識が伏流していた。音楽科教育とは、学校の音楽科の授業に関わる教育実践や研究を行なう分野である。私は、次代を担う子どもたちに、地域の音楽遺産を継承していくことの必要性を感じ、その手立てを模索していた。

平成二十年三月には、新しく改訂された小学校、中学校の学習指導要領が告示された。音楽科では、我が国や郷土の伝統音楽について、特に指導の充実を図るよう示されている。その方向性が端的に表れているのは、平成二十年一月の中央教育審議会答申における次の箇所であろう。


「国際社会に生きる日本人としての自覚の育成が求められる中、我が国や郷土の伝統音楽に対する理解を基盤として、我が国の音楽文化に愛着をもつとともに他国の音楽文化を尊重する態度等を養う観点から、学校や学年の段階に応じ、我が国や郷土の伝統音楽の指導が一層充実して行なわれるようにする。」

（平成二十年一月十七日　中央教育審議会「幼稚園、小学校、中学校、高等学校及び特別支援学校の学習指導要領等の改善について（答申）」）


それでは、改訂・学習指導要領から、民謡に関わるおもな内容をみておきたい。

小学校の歌唱教材では、「長い間親しまれてきた唱歌、それぞれの地方に伝承されているわらべうたや民謡など日本のうたを含めて取り上げるようにすること」と示されている。

中学校では、歌唱教材として「民謡、長唄などの我が国の伝統的な歌唱のうち、地域や学校、生徒の実態を考慮して、伝統的な声の特徴を感じ取れるもの」と示された。鑑賞の指導では「我が国や郷土の伝統音楽及びアジア地域の諸民族の音楽の特徴から音楽の多様性を感じ取り、鑑賞すること」と示されている。さらに、「我が国の伝統的な歌唱や和楽器の指導については、言葉と音楽との関係、姿勢や身体の使い方についても配慮すること」と付記されている。

以上を概観しただけでも、我が国や郷土の伝統音楽のなかで、民謡が重視されていることがうかがえよう。また、中学校では平成十年の改訂に盛り込まれた「曲種に応じた発声」という観点からも、民謡に対する教材としての価値が期待される。今回の改訂では「曲種に応じた発声や言葉の特性を理解して、それらを生かして歌うこと」とある。その意味で、本書はCDを含め、歌唱、鑑賞いずれの活動においても有効な手がかりになると思われる。臼挽き歌、田植え歌、大漁歌といった労作歌や、盆踊り歌といった歳事歌など、バラエティに富んだ民謡が収録されており、歌われる時と場によって、まさに「曲種に応じた発声」を味わうことができる。いずれも、地域の風土や人々の生活に根ざしたものばかりである。同梱のCDを聴かれれば、その味わいもひとしおであろう。決して録音がよいわけではなく、雑音も多い。CD容量の制約から、一曲あたりの平均収録時間は一分にも満たない。

しかし、アナログ的な音を通して広がる世界は、時空をこえて新鮮に聴こえるはずである。演唱者の背景にある音風景は、時に自然や季節を感じさせる虫の声であり、時に演唱する古老の周りで無邪気に遊ぶ子どもたちの声である。失われつつある豊かな自然、地域や家族などコミュニティの結びつき、伝統的な産業や生活スタイルなど、民謡を通して、古きよき島根の人々の営みをたどることができよう。そういう私も、採譜をしている間、何ともいえない声の妙味に酔いしれ、息の長さに驚き、演唱者同士や収録する酒井氏とのユーモラスなかけ合いに、思わず笑ってしまうこともしばしばであった。

この度の改訂では教科の枠をこえて「言語活動の充実」が重視されている。言語活動が、子どものコミュニケーション能力や感性を育む礎となることはいうまでもない。本書に収録された民謡の詞章には、地域の方言や言い回しが数多く含まれ、旋律やリズムと融合し、独特のアクセントやイントネーションで表現されている。音楽とともに失われつつある地域特有の「ことば」を再認識し、ことばの伝承と幅広い世代間交流にも役立ててほしい。

このように、民謡は、今、あらためて音楽科教育の教材として注目されている。同時に、民謡を通じて学習すべき内容や課題も多様化している。しかし、「地域や学校、生徒の実態を考慮して」と但し書きがついていても、実際に地域の民謡を教材化するのは、容易なことではない。民謡が学習の拡がりの可能性をもちながらも、地域の民謡を豊富に、親しみやすく取り扱った資料や書籍は、これまで非常に限られていた。

本書は、島根県内の民謡に限っているが、出雲、石見、隠岐各地方のものをバランスよくピックアップし、地方ごとの特色も感じ取れるよう工夫してある。島根県内の学校教育や生涯学習の現場における活用はもちろん、他の地域においても、身近に歌われる民謡への関心を高め、民謡の伝承のあり方を考えるきっかけとなれば幸甚である。

引用・参考文献

田中健次『図解　日本音楽史』東京堂出版　二〇〇八
柴田南雄『音楽の骸骨のはなし　日本民謡と12音音楽の理論』音楽之友社　一九七八
三隅治雄『日本の民謡と舞踊』大阪書籍　一九九〇
徳丸吉彦『民族音楽学』放送大学教育振興会　一九九一
徳丸吉彦『民族音楽学理論』放送大学教育振興会　一九九六
文部科学省『小学校学習指導要領解説　音楽編　平成二〇年八月』教育芸術社　二〇〇八
文部科学省『中学校学習指導要領解説　音楽編　平成二〇年八月』教育芸術社　二〇〇八
中央教育審議会「幼稚園、小学校、中学校、高等学校及び特別支援学校の学習指導要領等の改善について（答申）」平成二〇年一月一七日　http://www.mext.go.jp/b_menu/shingi/chukyo/chukyo0/toushin/1216828_1424.html
Seeger, Charles

1958 “Prescriptive and descriptive music writing,” *Musical Quarterly* 44 (2), pp.184-195.

臼挽き歌

1　臼を挽く夜にゃ（浜田市三隅町）

伝承者　浜田市三隅町森溝　金谷ナツさん・昭和三十五年当時七十二歳

臼を挽く夜にゃ　必ず来にゃれ
重か手ごしょと　言《ゆ》て来にゃれ

昔は団子にする粉を作るために、夜なべ仕事で臼を挽いていた。この歌はそのような作業のさい、作業歌としてうたわれていたのである。「手ご」は「手伝い」であるから「手ごしょと」は「手伝いをしようと」の意味。全体ではだいたい次のような意味になる。

臼を挽く夜には、必ず来てください。
「臼は重いだろう、だから手伝ってあげる」と言って来てください。

さて、これを音節で見ると、次のようになる。

臼を挽く夜にゃ（七）必ず来にゃれ（七）重か手ごしょと（七）言て来にゃれ（五）

七七七五調とは近世民謡調といわれ、江戸時代中期から、全国的に広がったスタイルである。安来節もこの形である。

ところで、この歌は、実際にはこの後に、

「返し」と称して、以下の詞章がつく場合もある。

手ごしょと　重か　重か手ごしょと　言うて来にゃれ

これは、詞章の一部をひっくり返した形でうたわれたりしているが、いつもうたうわけではなく、うたうのを略すこともよくある。

詞章の内容は、女性が心に思う男性に対して、臼挽き作業を手伝いに来てもらいたいという気持ちをうたっている。

そうして改めて眺めてみると、この歌は恋愛感情をうたった、いわゆるラブソングであることが理解できよう。

ところで、ヨーロッパでは、恋人の家の窓辺へやって来て恋心をうたうセレナードが発達していたようだが、元々わが国では、そのような独立したジャンルの歌はない。その代わり田植え歌や臼挽き歌などの労作歌をはじめ、盆踊り歌などに、こうして男女の機微をうたうものが多い。

同じ金谷さんからうかがったそのような臼挽き歌のいくつかを少し挙げておく。

忍びゃ来て待つ　夜なべはさかる　木綿車を二度投げた

木綿車も　憎くちゃ投げの　お姑《しゅう》さまへの　面《つら》当てに

鳴いてくれるな　ムク毛の犬よ　門にゃ殿ごが　来てござる

いずれも女性から見たラブソングなのである。

臼挽き歌

2　臼を挽け挽け（浜田市三隅町）

伝承者　浜田市三隅町森溝　金谷ナツさん・昭和三十五年当時七十二歳

臼を挽け挽け　団子して食わしょ
挽かにゃ冷飯　また茶づけ

この歌は食事をうたったものである。団子とか冷飯の詞章には、多少説明を要する。というのも、昔の団子や冷飯の位置づけは、現在、わたしたちが考えるのとはかなり違っている。大正初年当時の島根県下の食事内容を眺めると、例えば朝食は石見地方中央や隠岐島前あたりは、かなり藷《いも》が多く、続いて茶粥《ちゃがゆ》が点在していた。それ以外では麦飯のようだったが、それも米よりも麦の混入割合の方が高かったというような状況であり、茶粥は番茶の中に、麦や藷、あるいは野菜を切り刻んで入れたり、中には山に生えている野生のリョウボを湯がいて入れたリョウボ飯なるものもあった。

三隅町の歌は、麦飯や茶粥よりは、まだ味噌汁に入れて作られる団子汁の方が、ましという価値判断が働いている。

ところで、臼挽きとは似ているようで違うのに石臼挽《いししひ》きがある。これにももちろん作業歌があった。それの説明の前に、石臼挽きと臼挽きの違いについて説明しておく。まず石臼挽きであるが、それは一人で座って石臼を挽く。ところが、臼挽きは上から綱をつけ、臼のそれを横木の両端にむすび、横木の真ん中に別な棒が縦に臼までつながっている。挽くのは三人であり、真ん中の臼に近いところを担当するのを頭挽《かしらび》きと称して、ちょっとしたテクニックを要したようである。

♩=48ぐらい
うすをひけひ　け　ーだんご　し　て　く　わ　しょ
ー　ひかにゃ　ひ　ーや　め　ーーし　ー　またちゃ　づー　け

さて、石臼挽き歌に話題を返そう。いずれも昔の庶民の食事をうたっている。奥出雲町上阿井で聞いたものでは、団子汁の内容をうたっていた。「いしし」は石臼のことを指す。

いしし挽け挽け　団子して食わしょぞ
藷に蕪菜《かぶな》を　切り混ぜて
（荒木トミさん・昭和三十九年当時八十三歳）

これは積極的に団子汁の食事を待っている子どもにでも、語りかけているように聞こえる。

同じ石臼挽きの歌でも、島根半島の日本海側にある島根町野波では、次の詞章があった。

いししごいごい　バボ焼いて食わしょや
中に味噌入れて　こがこがと
（余村トヨさん・昭和三十六年当時七十六歳）

「いしし」は石臼のこと。「ごいごい」というのは、石臼を挽いたときに発する音を形容した語句である。また、「バボ」は餅のこと。石臼を挽いて出来上がったら、味噌入りの餅を焼いて食べさせようというのである。

臼挽き歌

3 臼が嫌さに（浜田市三隅町）

伝承者　浜田市三隅町吉浦　下岡モトさん・昭和三十五年当時七十三歳

臼が嫌さに　素麺《そうめん》屋を出たら
生まれはいかの　饅頭《まんじゅう》屋に
饅頭屋にこそ　よい嫁娘
どれが嫁やら　娘やら
嫁と娘は　一目見りゃ知れる
娘ゃ白歯で　髪ぁ島田

同じ臼挽き歌ではあるが、それぞれ単独でうたうのではなく、三つを続けることによって雰囲気が出るようになっている。つまり、この歌の内容は連続することで、ちょっとした物語になっているのである。

そして物語の主人公は、若い男性であろう。初め奉公に素麺屋に住み込んだものの、夜なべ作業に臼挽きをさせられるが、その辛さに耐えきれず、そこを辞めて饅頭屋に勤めることにした。

ところで、今度は仕事の中身については全く触れられず、そこにいる美しい二人の女性のことに話題が転換している。

いたって女性に目のない男性の性《さが》とでもいえ

ばよいのであろうか。そして今度はその女性であるが、昔は歯を染めるか否かや髪かたちで、未婚者と既婚者では違っていたから、三番ではその違いの説明になっている。

まず、「娘白歯で」の詞章である。未婚の女性の歯は、そのままであったので「白歯」と述べているが、既婚者は鉄漿《おはぐろ》と称して、歯を黒く染めていた。したがってそのような女性は、「娘白歯で」の後、既婚者であることを示している。歌では「鉄漿」の語句はないが、本来ならば「嫁は鉄漿をつけている」を意味するの語句があるべきである。それを省略した形を取り、次いで「髪ぁ島田」と娘の髪型に移っている。「島田」が「島田髷《まげ》」の略したことばであり、「文金高島田」とか「高島田」というのも島田髷のレパートリーのひとつである。

一方、嫁の方は「丸髷」という髪の形に結っていた。したがって、歌では「髪ぁ島田」の後に「嫁は丸髷である」という語句が省略されている。この歌は、若い男性の目を通して、昔の女性の既婚者と未婚者の習俗の違いをそれとなく説明している。

何気ない作業歌ではあるが、その背後に隠された時代を読み取ることによって、わたしたちは昔の習俗を理解することができるのである。そうして考えれば、考古学的な遺跡と同様、現在は廃れてしまったものの、以前の作業歌やわらべ歌の詞章の中には、かつての習俗がびっちり閉じ込められている。これらの無形文化財である民謡もまた、考古学の遺跡同様大切にしなければならないのである。

臼挽き歌

4 ござるたんびに（鹿足郡吉賀町）

伝承者　鹿足郡吉賀町柿木村下須　川本一三さん・明治四十三年生

ござるたんびに　牡丹餅ゃ向かぬ
ナスビ漬食うて　お茶まいれ

これまで浜田市三隅町の臼挽き歌をかなり紹介したが、今回の吉賀町柿木村は、距離的にも三隅町とはかなり離れ、メロディーも違っている。

歌の詞章であるが、これは親しい間柄で、何の気だてもなく交わされる会話そのままである。伝承者の川本さんは、下須地区にお住まいだった。ところが、わたしは同町の椛谷地区で、同じ仲間に属する次の歌を聞いている。

ござるたんびに　牡丹餅ゃならぬ
瓜の奈良漬　お茶あがれ
（大田サダさん・明治三十年生）

この大田さんとは、とても親しかった。当時、柿木中学校に勤めていたわたしだったが、毎週のように大田さんのお宅を訪問し、村の民俗についで教えてもらっていた。

この歌は昭和三十八年九月二十八日にうかがったが、これには忘れられない思い出がある。

歌が終わって出されたお茶に添えてお茶口があったが、なぜかそれに白布がかけてある。取りのけてみれば、歌の詞章のように瓜の奈良漬が載せられているではないか。つまり大田さんは、歌とお茶口を掛けてうたわれたのであった。一本取られたわたしは、茶目っ気で次の即興歌を作ってうたった。

♩=76ぐらい
ご ざ る　た ん び ー に　ぼ た も　ちゃ む か ぬ ー ー
ナ　ス ビ づ　け　くぅ　て お　ちゃ　ま　い れ

訪ね来るたび　菓子出されては　やはり気兼ねで　食べにくい

すると大田さんも笑いながら、即興歌を返された。

遠慮なされば　わたしも遠慮　ざっくばらんに　食べしゃんせ

このことが機縁になって大田さんとわたしの間には、歌問答がこれから延々と続いた。例えば、あるとき生徒が職員室へ「大田さんからです」と紙切れを届けてくれ、開いてみると、次の歌が書かれていた。

暇がなければ　ござりはせぬと　承知しながら　待つ長さ

わたしは「これを大田さんに」と、すぐに次のものを書いて、生徒に渡した。

行こと思えど　仕事はせわし　心そちらに　身はこちに

それはわたしが転勤で柿木村を離れても、ずっと続いたのである。

大漁歌
5　鴨が来た来た（松江市島根町）

伝承者　松江市島根町多胡　矢田秀雄さん・大正四年生

鴨が来た来た　三津島の灘へ
鴨がイワシを　連れてきた
オモシロヤ

これは大漁歌といっているが、「あたごまい」とも呼ばれている。漢字を当てれば「愛宕舞」とでも書くのであろうか。それならば愛宕さんは、海の神で大漁を恵んでくださる信仰につながる神のはずである。けれども、火を防ぐ神で知られているものの、漁とはどうも関係がないようだ。しかし、なぜかこう称している。案外、愛宕信仰には漁に関連する神という意味が隠されているのかも知れない。

さて、この歌はこれまで松江市島根町・美保関町・米子市あたりで収録した。今のところ、他の地方では、残念ながらまだ収録を果たしていない。この歌は主に海の男たちが大漁を祝って酒宴の席でうたわれている。

詞章であるが、「鴨がイワシを連れてきた」とある。つまり、鴨という鳥が、豊漁を運んできたわけであるが、これは神の使いでもある鳥が、人々に幸をもたらすという信仰が底に流れていると考えられるであろう。三津島というのは、島根町多古の沖にある島の名前であるが、同類ではそれぞれの地区の名前を詠み込んで作られている。例えば野波地区では「鴨が来た来た野波の灘へ…」といった具合にである。そして「オモシロヤ」は囃子言葉である。なお、同類の詞章に次のものもある（囃子言葉は省略）。

イワシ捕れ捕れ　天気もよかれ　灘で商い　値もよかれ
大漁して　また幟を立てて　明神様へと　参詣《さんき》する
届け届けは　末まで届け　末は鶴亀　五葉の松
返せ返せも　幟を立てて　明神様へと　参詣《さんき》する

ここに引用した二番目の歌の詞章「明神様」は、近くの美保関町にある美保神社の祭神、事代主命《ことしろぬしのみこと》のことであり、別名、恵比寿神ともされているが、この神は漁を司っているのである。

また三番目の歌である最初の「届け届けは末まで届け」は、一般的には「めでためでたが三つ重なりて」の詞章で知られている歌の変化したものであろう。更に次の歌の「返せ返せも幟を立てて」であるが、これは一種の「返し」のテクニックであり、ある歌のくり返しをこうたったものであろう。もちろん元歌は、「大漁してまた幟を立てて、明神様へと参詣《さんき》する」であり、その前半部分「大漁して」のところを、「返せ返せも」と代用しているのである。

麦搗き歌

6　麦搗きの声が枯れたぞ（益田市美都町）

伝承者　益田市美都町二川　金崎タケさん・昭和三十六年当時六十六歳

麦搗きの声が　枯れたぞ
歌えや野辺《のめ》の　ウグユス
ウグユス　ヤーレ
歌えや野辺の　ウグユス

この歌をうかがったのは、昭和三十六年の八月二十一日のことだった。当時、島根県文化財専門委員だった牛尾三千夫氏、国立音楽大学教授の内田るり子氏、早稲田大学大学院生の山路興造氏と一緒に石見地方を回っていたおり、偶然立ち寄った家で、歌の上手な金崎さんを紹介していただき、うたっていただいた中に、この珍しい麦搗き歌があった。

牛尾氏の話でこの歌は、苗取り歌としてうたわれているが、本来は麦搗き歌だったと思われる、とのことだった。

そして、金崎さんは、この歌を「麦搗き歌」と呼んでいると明確に話しておられたことが頭に残っている。実際は麦搗きの作業では、もううたわれなくなってしまったものの、現在では苗取り歌に転用され、名称だけは以前の「麦搗き歌」のままに残されていたようである。

ところで、この歌はそのスタイルから古代調に属している。少し分析してみよう。
音節を調べると、次のようになる。

麦搗きの（五）声が枯れたぞ（七）歌えや野辺の（七）ウグユス（四）

実際にうたわれる場合、この後に「ウグユス、ヤーレ、歌えや野辺の、ウグユス」と続く。これは「返し」といわれる部分であり、作業の都合で、このような形でくり返されるが、特に音節数には加えない。

詞章であるが、録音テープを聴いてみると、「歌えや野辺のウグユス」の「野辺」について「のめ」のルビをふっておいた。正確に文字化すれば、ここは「歌えや飲めのウグユス」とすべきであろう。この詞章の前後を無視して、宴席の様子を想像すると「歌えや飲め」のフレーズは似合う。けれども、これは伝承による転訛なのである。というのも、前半部分の詞章を考えれば、それはすぐに分かる。すなわち「麦搗きの声が枯れたぞ」と出だせば、麦搗き作業が続き、この作業歌をうたうのにすっかり声が枯れてしまったし、疲れたので代わってうたってほしいという歌い手の気持ちが、その背後にあり、それがうたうことが得意なウグユス（鶯）に対し、「歌えや野辺のウグユス」と、歌い手の交代を呼びかけているのである。いかにも山村らしい風景が目に浮かんできそうである。

ただ、この麦搗き歌には、のどかなものだけではないのもある。次にはそれを見てみたい。

麦搗き歌

7 麦搗いて手見る下女は（益田市美都町）

伝承者　益田市美都町二川　金崎タケさん・昭和三十六年当時六十六歳

麦搗いて　手見る下女《おなご》は
一代親の留守もり
留守もり　ヤーレ　一代親の留守もり
麦搗けば　手痛　肩痛
夏機《ばた》織れば　腰痛や
腰痛　ヤーレ
夏機織れば　腰痛や

音節が五七七四と古代調に属しているこの麦搗き歌は、何ともいえないわびしさを感じるメロディーであり、詞章もまたもの悲しいものが多いようである。

最初の「麦搗いて手見る下女は、一代親の留守もり」の意味を考えてみよう。

まず「麦搗いて手見る下女は」は、「厳しい麦搗きの仕事で、つい手が痛くなって、肉刺《まめ》でもできていないだろうかと眺める雇われ女は」ということだろうか。それであるならば、次の「一代親の留守もり」というのは、いったいどういうことになるのだろう。文字通りに解釈すれば、「一生涯、わが親の留守を守り、家から出て行くことを認められない境遇に運命づけられる者（だから麦搗きが辛いからと、つい気を緩めて手を眺めたりするものではないぞ）」ということになる。これには後半部分が表面には出ていないものの、そのような戒めが省略されているのではあるまいか。

次の歌も同様に解釈すれば、やはり労働の辛さを歎いていることが分かる。「麦搗けば手痛、肩痛」までは、麦搗きの厳しさから、それを続けていると手や肩が痛くなることを訴えているが、後半部分の「夏機織れば腰痛や」では、一転、場面が麦搗きの辛さから、機織りの厳しさに変わっている。通して見れば、麦を搗けば手や肩が痛くなるし、引き続いて夏に機を織れば、今度は腰が痛くなる。何にしても毎日の労働は、厳しいものだなぁという、農山村の女性の毎日を歎いているのである。

大庭良美氏の『水まさ雲』の中に鹿足郡津和野町日原の次の麦搗き歌がある。

山中へ娘やりたや
もて来る土産《つと》は　煮もめら
煮もめらも　ぢようにや　もて来ぬ
葛の葉にこそ包んで

「煮もめら」は、モメラ（曼珠沙華の咲く花）の根の球を餅に搗いたものをいうと注にある。また「ぢように」は、現代仮名づかいでは「じょうに」であって、これは「たくさんに」の意味を持つ石見方言である。

そこはかとなきユーモアを醸している歌ではあるが、その底を流れるものは山村の貧しい家に見られる生活の厳しさなのである。決して「山中へ娘やりたや」ではないが、そうせざるを得ない悲劇を自嘲的にうたっているのである。

田植え歌

8 朝はか　ねをやれ（隠岐郡海士町）

伝承者　隠岐郡海士町保々見　徳山千代さん・明治三十七年生ほか

朝はか　ねをやれ
トビがやおに　鳴いたとな

嫁をしょしるなかいに
縄でワラぁ忘れた

早乙女《そうとめ》の上手《じょんず》よ　下がるこそ上手よ

苗がなけらにゃ　とっぱなせ
婆の言やるも　もっともだ

馬鍬《まんぐわ》つきよしぇて　こぉをあらあらと

編み笠のちょんぎりが
わしに女房に　なれと言うた

腰が痛けりゃ　のおさえて
のおさえて　のおさえて

日は何どきだ　七つの下がり

日ぐらし鳥が　笠のはた回る

17　朝はか　ねをやれ

上《あ》がりとうて　しょうがない　恥のこたぁ思わぬ

離島である隠岐島の島前《どうぜん》地区、海士町に伝わる田植え歌である。どういうわけか本土の各地で広く聞かれる田植え歌とはかなり違っている。それでは同じ隠岐島の島後《どうご》地区の歌と似ているかといえば、これまた必ずしも似ているとは言い難い。

そしてこの海士町の歌は、同じ島前地区でも聞いたことはなかった。歌の内容は田植えの状況を描写したものが主体となっている。音節数を見てみよう。最初の句は、

朝はか（四）音《ね》をやれ（四）トビがやおに（六）鳴いたとな（五）

このように四四六五調である。次の句は、

早乙女の（四）上手よ（四）下がるこそ（五）上手よ（四）

同様に以下、音節数を述べると、「嫁をしょしるなかいに…」は三三四三三四、「なえがなけらにゃ…」は三四四、「婆の言やるも…」も三四四、「馬鍬…」は三五三五、「編み笠の…」は五五三四三三…。これより後は省略するが、ここで述べたいのは、必ずしもそれぞれのスタイルが一定ではないということである。

民謡の成立した時代を判定することは、なかなか難しい問題であり、現段階での決定的な判断は避けなければならないが、ともかく本土の田植え歌との関連は、あまり感じられない。これらの歌は独自に当地で発達し、当地の人々によってうたい継がれてきたもののようである。

田植え歌

9 朝かね　ねを入れ（隠岐郡隠岐の島町）

伝承者　隠岐の島町西郷　木下カネさん・明治三十五年生

朝かね　ねを入れ　トビがねを入れ
とんとんトウギリスは　何を持って来たよ
唐升《とうます》にとう添えて　俵持って来たよ

苗をば何と取る　元へ手を入れて
うらをばなぶかせて　元へ手を入れて

昼飯がござるやら　赤い帷子《かたびら》で
ぴらりしゃらりと　赤い帷子で

前回は、同じ隠岐島でも島前地区の歌だった。今回は少し離れた島後地区のそれである。ここでは今は隠岐の島町となっているが、以前は西郷町のほかに五箇村、都万村、布施村の四つの町村が陸続きである点に特色がある。それに対して島前地区は、三町村がそれぞれ別の島なのである。

田植え歌を見た場合、島後地区では陸続きの関係か、島前地区のように町村別の違いをあまり感じなかった。

本来、田の神に捧げる田植え歌は、午前、午後、夕方それぞれに区別があり、うたう順番も決まっているが、多くのところでは、すでにこのような細かいことは分からなくなっている。

ここに紹介したのは、そのような中でも、比較的正確に順序を踏まえて教えてくださった歌であり、それだけに貴重である。そしてこれらの歌は、さきの区分でいえば、いずれも午前中にうたわれるものである。また、最初にある「朝かね、ねを入れ、トビがねを入れ」は、前回紹介した海士町の「朝はか　ねをやれ、トビがやおに鳴いたとな」と、どこか共通した内容であることを感じさせる。けれども「ね」がどういう意味なのか、もうはっきりしたことは分からなくなっている。

また、「とんとんトウギリスは、何を持って来たよ」とある詞章は、島後地区ではよく聞くものの、島前地区にはまったく残されていないものである。このトウギリスについてもよくは分からないが、縁起のよい鳥ででもあろうか。したがって後に続くように「唐升にとう添えて、俵持って来たよ」と豊作をもたらす内容になるのであろう。

さらに「昼飯がござるやら…」の歌は、これをうたうことにより、そろそろ昼食になるという合図になる。これは本土の歌にも似た詞章がある。例えば、邑南町矢上地区の歌を見てみよう。

♩=80ぐらい
あ　ーーさー　か　ーーね　ねをいれ　(アー)トービがね　を　いれ　て
(アー　ー)とーー　ん　と　んトウギリ　ス　はなーにを　もってきた　よ

ひるまもちの　ござるやら
赤いかたびらでな　ひらりしやらりと
赤いかたびらでな
（『上大江子本』）

地方によって微妙に詞章が違っているのである。

苗取り歌

10 こちの嫁御さんは（安来市広瀬町）

伝承者　安来市広瀬町布部　小藤宇一さん・昭和三十九年当時六十八歳　山脇ステ子さん・五十四歳

ヤーレー
こちのナァ嫁御さんは　どこ育ち
ヤーレ稲のナァ　おらぼのナ　のぎ育ち
ヤーレー
こちのナァ婿さまは　どこ育ち
ヤーレーあれはナァ　ご城下のナァ町育ち

苗取り歌は、田植え当日、苗を取って稲を植える早乙女に渡す作業のさいにうたう歌をいう。これに対して植えるときの歌を植え歌と称し、両者を合わせて普通は田歌と呼んでいる。

また、苗取り歌にも長短二種の歌があり、ここに紹介した苗取り歌は、短い歌の方である。仁多郡や能義郡の山間部で、同類はうたわれており、実際には「ヤーレー」とか「ナァ」とかの囃し言葉が入るので、雰囲気を味わっていただくために、それを加えておいた。

歌の前半部は、音頭取りの男性が、後半部は早乙女がうたう。ここで囃し言葉を省いて音節を調べると次のようになる。

こちの嫁御さんは（九）どこ育ち（五）

ここまでが音頭取りがうたい、田主の嫁は、どこで育ったかと問うている。それに対して以下、早乙女がその答えをうたう。

♩=108ぐらい
ヤ ー ーー ー レ ーー ーこ ー ーー ーち ーー ー のナァ よ ーー ー
め ー ごさ ーー ん は ど こ ーー そ ーー だ ーー ーち
ヤ ー ーレ ーー ー い ーーー ー ね ー ーのナァ お ーー ーら ーー ぼ
の ーー ナァ の ぎ ーー ー そ ー ーだ ー ー ち

稲のおらぼの（七）のぎ育ち（五）

「おらぼ」は末端を意味している。「のぎ」は、はっきりしないが、濁らずに「のき」とすれば、内側のことなので、この言葉を当てはめて見れば、稲の末端の内側で育ったということになる。したがって、稲のように大切に外へも出さず内側で育てたという嫁を褒めた内容になっている。

　これに対して、次の歌は婿についてのものである。

こちの婿さまは（八）どこ育ち（五）あれはご城下の（九）町育ち（五）

　初めは音頭取り、「あれは…」から早乙女たちのうたう部分になる。そして嫁同様、婿の育ちをご城下の町育ちであると、やはり褒めている。農村の田植えでありながら、婿が町育ちとはどういうことなのだろうか。はっきりいって、この表現から考えられるのは、町家から迎えた婿を誇っているのである。

　「士農工商」の身分制度の厳しかった時代、その枠を越えて縁組みがなされたところに、農民の誇りが垣間見られるというのであろうか。

苗取り歌

11 縄手走る小女房（仁多郡奥出雲町）

伝承者　仁多郡奥出雲町上阿井　山田福一さん・昭和三十九年当時五十四歳

縄手《なわて》走る小《こ》女房《にょんぼう》　長い髪をさばいて
紅葉山の子ワラビ　摘めど籠に溜まらぬ

苗取り歌でも「長い歌」と呼ばれており、なぜか出雲地方の一部にしか認められないようである。わたしはこの歌を奥出雲町（旧・仁多町、横田町）や安来市広瀬町で聞いている。

この詞章を文節で見てみると、次のようになる。

縄手《なわて》走る（六）小女房（四）長い髪を（六）さばいて（四）

「小女房」は、「こにょんぼ」と読む。だから四音節になる。次の歌も同様である。

紅葉山の（六）子ワラビ（四）摘めど籠に（六）溜まらぬ（四）

メロデイは実にゆかしくわびしい情緒に満ちている。わたしは古風を留めている歌だと考えている。

また、詞章の意味であるが、「縄手走る小女房」とは、いかなる情景であろうか。縄手というのは、「畷《なわて》」とも表記し、田の中の細道とか、あぜ道のこと。あるいは真っ直ぐな道をいうのであるから、そこをどういう理由かは分からないが、かわいい女性が長い髪を手でさばきながら、急いで走っているという姿をうたっている。ドラマを秘めた内容もどこか古風さを感じさせる。

また、もう一つの「紅葉山…」の歌であるが、紅葉山というのは、秋になって紅葉の美しい山かと思いがちではあるが、後の「子ワラビ…摘めど…」の詞章が気になる。ワラビの摘める季節は春であり、したがってこの「紅葉山」というのは、紅葉の季節になれば、一段とそれで映えるであろうけれども、固有名詞と見た方がよいのではなかろうか。そうして、これまた一生懸命にワラビを摘むのであるが、なかなか籠一杯になってくれないという嘆きが、言外からにじみ出ている。そこから思わずも溜息《ためいき》が漏れてきそうな気配が隠されている。

ところで、このような六四調の歌は、あまり種類はみつからないようであるが、もう一つ、よくうたわれている次の歌がある。安来市広瀬町布部で聞いたものである。

高い山の葛籠《つづら》を
引けやおろせ葛籠を

（小藤宇一さん・昭和三十九年当時六十八歳）

これは何かの作業をしているさい、大勢で葛籠を下へおろすよう催促している風景が目に浮かんでくる。いずれもかつての農山村の生活をうたっているのであろう。

12 高砂の爺さん婆さん（隠岐郡隠岐の島町）

伝承者　隠岐郡隠岐の島町中村　千葉ヨシノさん・明治三十五年生　石井光伸さん・昭和六年生

高砂の爺《じ》さんと　婆《ば》さんと
小松の木陰で　掃除すること始めるそうな
（以上・一人でうたう）
ア　オチャヤレ　オチャヤレ（他の人々で囃す・以下同）

千両箱　やっこやさと抱えて
行かねばなるまい
よういよういに　そこらが大事
ア　オチャヤレ　オチャヤレ

正月や爺さんと婆さんが　コタツで酒酌む
裏のお蔵には　俵の山だよ
ア　オチャヤレ　オチャヤレ

東雲《しののめ》のつぼめ　常磐《ときわ》の松の木小枝に
雀百まで踊られ　しゃんしゃん
ア　オチャヤレ　オチャヤレ

これは婚礼のときに座敷でうたわれる祝い歌である。
結婚式といえば、このごろでは結婚式場でするのが普通であるが、以前は、個人の家でとりおこなわれていた。

この歌は、そのようなおり、盃も終わり、宴席になったころあいを見計らって行われる一種の余興で出されるのである。

♩=104ぐらい
たか さご の じ さん とば さんと こま ーつ のー ー こか ーげ でー
そう じす るこ と は じめ るそう な ア オ チャヤ レオ チャヤ レ

座敷の上座に花婿と花嫁が座っているところへ、嫁の両親が人形を抱いて踊りながら出てきて、それを花嫁に渡す。すると今度は花嫁がそれを花婿に渡す。そのようにすると次には花嫁側の分家の夫婦が、踊りながら、その人形を連れに行き、それを受け取った後、踊りながら自分の席に帰るのである。

これは一種の予祝で、結婚後よい子供が授かるようにと願う気持ちが、自然とこのような余興を生んだと思われる。

ところで、鳥取県東部地区の鳥取市用瀬町別府では、「おちゃれ」と称する座敷歌があり、詞章から見ると同類と思われる。これは鳥取県民謡調査報告書『鳥取県の民謡』（一九八八年・鳥取県教育委員会発行）に出ているものである。

おちゃやれ　おちゃやれ　おちゃやれ　おちゃやの
おでんさんが　お茶を出すとて　へそ出したそうな
高砂のじいさんと　ばあさんが　小松の小陰で
ええことよいこと　なされましたそうな

別に婚礼でうたうなどの注釈はないが、確かに同じ仲間である。離れたところに存在する類歌を見ると、ついつい伝承の不思議さを考えさせられるのである。

フイゴ歌

13 たまのお客に（仁多郡奥出雲町）

伝承者　仁多郡奥出雲町大呂　嵐谷忠一さん・昭和三十九年当時五十四歳

たまのナァお客にァー　何事ないが
ァ　たててナァ　見せましょ
ァー金花《かねはな》を
蹈鞴《たたら》打ちには　ァ　金屋子《かなやご》さまの
金のナァー御幣がヨー　ァー舞い遊ぶ

わが国では現在、蹈鞴《たたら》製鉄は、特別に「日刀《にっとう》保《ほ》タタラ」として行っている仁多郡奥出雲町を除いて、どうやら過去のこととなってしまった。

それでも島根県では、かなり最近まで、このタタラ製鉄が行われており、雲南市吉田町の田部家や奥出雲町上阿井の桜井家や同町八川の絲原家などは、そのようにして栄えていた。

このタタラの神様については、いろいろな言い伝えがある。

鳥取県日野郡日南町印賀では、金屋子《かなやご》さんが天降ったさい、犬に吠えられ蔦《つた》を伝って逃げたが蔦が切れたので犬に噛まれて亡くなった。雲南市吉田町菅谷では蔦の代わりに麻苧《あさお》に絡まって亡くなった。奥出雲町阿井では蔦が切れたが、藤につかまって助かった、そんな訳でタタラの作業所に犬を入れず、タタラの道具に麻苧を用

27　たまのお客に

♩=66ぐらい
たまのナァお　きゃー　くーーにーー　アー　なにごーーとも　ー　なーいーが
たて　てナァーみせ　ま　しょーー　ーー　アー　かねばーーなー　ーーを

いない。また、桂の木は神木なのでたたらで燃やさないとされている。

ところで、タタラ作業であるが、以前は「鉄穴《かんな》流し」と称して、川の上流の山肌から、鉄を含んだ土砂を流し、下流でそれを集めて、火を加え、純粋の鋼を作り出したが、これには三日とか四日を要した。これを一代《ひとよ》と称していた。また、フイゴで風を送りながら作業をしたが、それに合わせてうたわれた労働歌が、このタタラ歌である。詞章は七七七五の、いわゆる近世民謡調であり、多くは他の民謡からの転用歌といえるようだが、中には独自な歌も存在していた。初めに挙げた二つの歌がそれである。最初の歌の意味はお分かりのことと思う。

「金花」というのは、もちろん、火花のことであるが、熱した鉄から出る火花を、客に見せて仕事に精を出している心意気を誇ろうというのである。また、次の歌にある「金屋子さま」というのは、タタラの神様である。安来市広瀬町西比田には、金屋子神社があるが、この神を祭った神社として知られている。

また、他の歌をタタラ歌として転用した例として次のものがある。

アうれしナァめでたのヨー　ア　若松さまは
ア　枝がナァ栄えてヨー　アー葉もナァ茂る
ヤァさまはナァ三夜の　アー三日月アーさまか
せめてナァー一夜は　アー有明に

盆踊り歌

14 石の地蔵さんに（隠岐郡隠岐の島町）

伝承者　隠岐の島町布施　升崎勝吉さん・昭和七年生

仏はどれかと次々に尋ねていけば、結局、仏こそが仏であるという結論に達するという愉快な数え歌式盆踊り歌である。実はこの歌は同様な趣向を持ったわらべ歌が、大阪にあるところから、子供のわらべ歌と大人の盆踊り歌の交流が見られるという点でも注目される。

ここでは前口上を省いて本口上の部分だけを述べておきたい。

石の地蔵さんに　カラスがとまる
カラスとまるから　カラスこそ仏
カラス仏なら　なぜ弓矢に恐る
弓矢に恐るから　弓矢こそ仏
弓矢が仏なら　なぜ岩に立たぬ
岩に立たぬから　岩こそ仏
岩が仏なら　なぜツタに巻かる
ツタに巻かるから　ツタこそ仏
ツタが仏なら　なぜ刃物に切らる
刃物に切らるから　刃物こそ仏
刃物が仏なら　なぜ水を伐らぬ
水を伐らぬから　水こそ仏
水が仏なら　なぜ人に飲まる
人に飲まるから　人こそ仏

♩=88ぐらい
い　し　ーのー　ーじぞーーさんに　カラースがーー　と　まーーる
カ　ラースー　と　ま　るか　ら　カラ　スこ　そ　ー　ほ　とーけ

人が仏なら　なぜ仏拝む　仏拝むから仏こそ仏

まるで尻取り遊びをしているような形で、歌は次々と発展して行く。新しく強者が登場し、それに仏の座を譲って行くが、最後には無難な結論に達する。

ここで述べておきたいことは、最初記しておいたように、隠岐の島町布施ではこのように盆踊り歌としてうたわれているけれど、実はこの歌は、大阪府泉南郡岬町淡輪で採集されている尻取り歌につながっている。ちょっと眺めてみよう。

橋の下の六地蔵　ねずみがちょっと　かんじゃった　ねずみこそ地蔵さんや
ねずみこそ地蔵なら　なんで猫に捕られた　猫こそ地蔵さんや
猫こそ地蔵なら　なんで犬に捕られた　犬こそ地蔵さんや
犬こそ地蔵なら　なんで狼に捕られた　狼こそ地蔵さんや
狼こそ地蔵なら　なんで火ィに焼かれた　火ィこそ地蔵さんや
火ィこそ地蔵なら　なんで水に消された　水こそ地蔵さんや
水こそ地蔵なら　なんで人に飲まれた　人こそ地蔵さんや
人こそ地蔵ならなんで地蔵拝んだ　ほんまの地蔵は六地蔵

（『大阪のわらべ歌』（日本わらべ歌全集・第六巻・柳原書店）

両者は決して無縁ではないのである。

松坂

15 世の中にめでたいものは（松江市美保関町）

伝承者　松江市美保関町万原　梅木一郎さん・昭和八年生

世の中にめでたいものは　芋の種
葉には金銀黄金の　露を受け
根には十二の子を栄え
孫子栄えて　末繁盛

この歌は婚礼後の祝宴とか、めでたい席でうたわれるもので一種の余興歌である。

祝いの席の歌であるので、そこでうたわれる歌の詞章も、縁起を担いでめでたい内容になっている。芋といえば、根元に多くの実をつけているところから、子孫繁栄を示し、葉に溜まる露も、光線のあたり具合によって、金銀黄金のように輝くことがあり、それを財宝になぞらえて、豊かになるよう願う気持ちを、そのようにうたい込んでいるのであろう。また「十二」の数字は、一年が十二ヶ月からなっていることを象徴しており、そこから一年中常にとの意味を表わしていると考えられる。

ところで、この歌は県下一円で聞くことができるようである。そして似たようにしてうたわれているやはり松坂といわれる歌を、同じ美保関町の歌で紹介しておこう。

まず次の歌は「高砂」の後に出すものとされ

ている。

♩=100ぐらい
(ハア　ー　ー)　よ の なか　ー　に　ーー　ー　ーー
めでたい　ー　ー ーー　ものはいものた　ね ーーー　ーー

うれしめでたェーこの盃は　鶴と亀との盃で　鶴は千年生きるもの
亀は万年生きるもの　この酒いただく　おん方は寿命長かれ　末繁盛

（美保関町万原　梅木一郎さん・昭和八年生）

鶴とか亀は、もともと長寿であり、それだけに縁起の良い動物と見なされていることは、説明するまでもあるまい。もう少し長い歌も次のように残されている。

盃の台の回りに　松植えて
上から鶴が舞い下がり　下からは亀が　はい上がり
鶴は千年生きるもの　亀は万年生きるもの
鶴と亀とのおん盃で　このご酒あがるおん方は
寿命長かれ　末繁盛（同右）

次には婚礼の謡の後、お開きの盃のおりにうたわれるものである。

祝言の床前見れば　婿さんは　待つ（松）ばかり
嫁御は紅梅　梅の花　二親さんは高砂で　謡の文句は四海浪
静かに納まる床の間へ（同右）

宴会の収めにふさわしい歌である。以前、婚礼もめいめいの家で行われたから、これらの歌はまさにその家の繁栄を祝福していたのである。

相撲取り節

16 ここのまた奥山の（隠岐郡西ノ島町）

伝承者　西ノ島町赤ノ江　小桜シゲさん・明治四十二年生

ハアー　ここのまた奥山の
そのまた奥山にヨー
ハアー鹿が三世　鳴きなんす
かんじが強うて　鳴くかいな
腹がひもじゅて　鳴くかいな
親に恋しゅうて　鳴くかいな
かんじが強うて　鳴くじゃない
親に恋しゅうて　鳴くじゃない
腹がひもじゅうて　鳴くじゃない
ここの奥の　その奥に
六十余りの老人が肩には鉄砲ふりにない
腰には弾筒《たまづつ》一升ずつ
これがおぞうて　鳴くわいな
助けてくだされ山の神
助けてくれれば　礼をする
岩鼻を崩いて宮建てて
宮の回りにごままいて
十二の燈籠とぼします
またえどころがしおらしや
助けてくだされ　ノウ　ホホー
山の神ヨー　ヨイコラ　ヨイコラ

この歌は隠岐の島では相撲取り節として教え

ていただいた。この相撲取り節というのは、何か祝い事があったとき、余興で行われていたようで、一種の座敷歌といえる。

そして同類は、はるか離れた東北の民謡「津軽小原節」や「秋田小原節」の詞章としても存在し、現在でも広くうたわれている。

♩=126ぐらい
ハァ　ー　ーー　ーー　ここのまた　ーおくやまのー
そのーまーた　ーおーくに　ヨ　ーー　ハァ
しかがさんびき　なきなんす　ーー　かんじがつようて　なくかいな

更におもしろいと思うのは、島根県でも石見地方では、子守歌としてうたわれていたことであった。半世紀前に三隅町で聞いたものを紹介しておく。

向こうの山で鹿が鳴く
鹿どん　鹿どん　なぜ鳴きゃる
何にも悲しゅは　ないけれど　六十ばかりのご隠居が　肩には鉄砲
手に火縄
むく毛の犬めを　先につれ　虎毛の犬めを後につれ
むく行け　虎行け　けしかける　それがあんまり　怖ろしゅて
助けてやんさい山の神
助けてもろうた御礼に　岩山崩して谷を埋め　一間四面の宮を建て
金の灯籠を千とぼす
（三隅町古市場　新田幸一さん・明治二十五年生）

そうして眺めて行けば、このような歌は親しまれつつ各地に伝えられていくうちに、元の歌の種類から離れて、いろいろな場面で自由にうたわれて行くものであることが分かる。

西ノ島町の歌の詞章では、すでに意味がよく分からないところもあるが、これも伝承の特徴なので、これ以上詮索してもしようがないようである。

臼挽き歌

17 臼にさばらば（安来市広瀬町）

伝承者　安来市広瀬町西比田　永井トヨノさん・明治三十年生

臼にさばらばナー　ヨイナ　ヤレナー
ヨイナー
歌出しぇ女子《おなご》　歌は仕事の　ヨイナー
ヤレナー　ヤレ　花だもの

ハー　家《うち》の親方は　ヨイナー　ヤレナー
ヨイナ　団子か餅か　餅は餅だが
ヨイナー　ヨイナー　ヤレ　金持ちだ

ヤレナーとかヨイナーなどの囃し言葉を除くと、詞章は七七七五となり、近世民謡調になる。江戸時代中期から全国的に広まったスタイルである。どういうものかこの形は収まりがよいからだろう、多くの民謡に採用されているのである。安来節、貝殻節、キンニャモニャ、どっさり節などの座敷歌はもちろん、関の五本松もまたこの形の字余りと考えられる。

ところで、ここに上げた労作歌に属する臼挽き歌は、詞章が二種類ある。特に一番、二番というわけではない。そのときの気分に合わせて、適宜気に入ったものがうたわれている。

初めの「臼にさばらば」の方は、まさに臼挽き歌専用の詞章であるので、他の作業に歌われ

35　臼にさばらば

♩=88ぐらい
うすに さ ば らば ーナーー ヨ イナ ヤ レナ ヨ イ ナ う ただーー
しぇーおーー ーなーー ー ーご う た は し ごーーとーーの ー ヨ イナ ヤ レ
ナ ヨ イナ ヤ レは ーーな ー だー ー ーも ーーー ーの ー

ることはないが、次の「家の親方」の方は、別に臼挽き専用でなくともかまわない内容なので、他の作業のおりでもいくらでも使うことができた。例えば田植え歌とか餅つき歌、それに労作歌ではなく、盆に踊られる、いわゆる踊り歌に分類される盆踊り歌などにもうたわれることがある。

そうして見れば、初めの歌は、臼挽きという作業のなくなった今、すっかり影を潜めてしまったが、次の方は、縁起の良い内容から、座敷歌に姿を変えて、ときおりは現在でもうたわれている。

そのようなことを頭に置きながら、他の地方で歌われていた臼挽き歌の詞章を挙げておこう。

臼を挽かりゃば　じゅんどに挽かれ
臼のがく挽きゃ　末ゃ遂げん　（飯南町赤名出身　山下千代子さん・大正四年生）

臼や回れや　挽き木や挽きゃれ
臼の早挽きゃ　末ゃ遂げぬ　（江津市跡市町　古川シナさん・明治二十四年生）

例えば、このあたりは、確実に臼挽き歌専用であった。しかし、臼挽き歌としてうかがった次の歌は、他の労作歌としても使えるものである。

丸い卵も　切りよで四角
ものも言いよで　角が立つ　（桜江町勝地　稲田ナカノさん・明治二十六年生）

島芝翫節

18 芸は芝翫で（松江市八束町）

伝承者　松江市八束町二子　安部　伝さん・明治十八年生

芸は芝翫《しがん》で　男は璃寛《るかん》ナー
かわいらしさが門之助　ヤー
アレワノヨーイエ　ヨーイヨイ

中海に浮かぶ離島だった八束町も、今は陸続きになっている。しかし、近年までは中海の中に位置する島であった。したがって、人々の言葉も、周辺の松江市の人々の言葉とは異なった独特のアクセントやイントネーションを持っていて、言葉を交わせば、この島の人だとすぐに分かったものである。

島の民謡にも他では見られないものもあった。ここに挙げたこの歌は二子地区のものであるが、八束町自体でも耳にすることが少なくなってしまったといわれているもので「島芝翫節」と呼ばれる歌である。節回しはなかなかむずかしい。これは労作歌ではなく宴席などでうたわれていた祝儀歌だったという。

ここでは昔から、地芝居が盛んだった模様で、その影響があったのだろうか。この歌の詞章に見られる人物の名前は、昔の人気俳優だった。すなわち、芝翫というのは、江戸時代の歌舞伎役者、中村芝翫のこと。璃寛は、文化・文政期の人気歌舞伎役者・嵐吉三郎のことである。また門之助も同様、市川門之助のことで、いずれも江戸時代人気歌舞伎役者の名前である。

ところで、昭和六十一年に島根県教育委員会から出された『島根県の民謡』によれば、八束町波入地区で収録された同類が紹介されていた。それによると同じ詞章でももう少し長く続けられ、以下のようである。

芸は芝翫で　男は璃寛ナー　かわいらしいが門之助
人の好くのが　ナーヨーオーイー　蝦十郎ナー
ハレワイーヨーイー　ヨーイヨイ

また、この他の詞章も紹介されているので、一例だけ挙げておく。

歌の安来の　亀島越せばナー　周囲三里の　牡丹島
今に残りし　ナーヨーオーイー
芝翫節ナー　ハレワイーヨーイー　ヨーイヨイ

昭和十六年に冨山房から出た『郷土民謡舞踊辞典』の中の「しかんぶし」を見ると、八束町波入に伝わるこの歌について、以下のように説明されている。「米は四貫で石では二貫、廿や五年の豊の秋、京や吉田の御託宣、ハレワイサノヨ」（中略）土地では俳優中村芝翫に因み、芝翫ぶしと記すが、前記の歌が根本なら四貫ぶしであらう。」

いったい、どちらが正しいのであろう。

田植え歌

19 サンバイの生まれはいずこ（大田市大代町）

伝承者　大田市大代町大家　山崎敬太さん・昭和三十六年当時五十四歳

（サゲ）サンバイの　ヤーレ
　　生まれはいずこ　陸奥の国
（早乙女）陸奥の国　ヤーレ
　　日原だちの　笹の本

広い田を大勢で田植えをするおり、作業をはかどらせるため、サゲと称する音頭取りの音頭で、歌をうたいかけると、植え手の早乙女たちが一斉に後の詞章を続ける輪唱形式で、田植えが進められる。その田植えの始めにうたわれるのがここに紹介したサンバイ降ろしの歌である。これは田の神サンバイの由来が細かくうたわれている。ここにあげたのが、それであるが、紙数の関係で以下、続きを詞章だけ挙げておく。

（サゲ）サンバイの　生まれはいずこ陸奥の国
（早乙女）陸奥の国　日原だちの笹の本
（サゲ）サンバイの　おん父君はどなたやら
（早乙女）どなたやら　唐天竺の須佐の神
（サゲ）サンバイの　おん母君はどなたやら
（早乙女）どなたやら　唐天竺の竹田姫
（サゲ）サンバイの　今胎内に腹ごもり
（早乙女）腹ごもり　十月が増すりゃ

39　サンバイの生まれはいずこ

♩=52ぐらい
(サゲ)
サン バイ の ー ヤ レ う まれ は い ず こ む つ の く に
(早乙女)
む つ の く に ヤ ー レ ー ー に ち は ら だ ち ー の さ さ の も と

生まれくる
（サゲ）サンバイの　取り上げ乳母は　どなたやら
（早乙女）どなたやら　大和の奥の千代の母
（サゲ）サンバイの　産湯の盥何盥
（早乙女）何盥　白銀盥に金柄杓
（サゲ）サンバイの　産湯の清水どこ清水
（早乙女）どこ清水　岩戸のそらの岩清水
（サゲ）サンバイの　生まれの絹は美しや
（早乙女）美しや　美し絹は花で染め
（サゲ）サンバイの　ちづけの乳母は　どなたやら
（早乙女）どなたやら　御殿の裏の姫后
（サゲ）サンバイの　生まれの小袖何小袖
（早乙女）何小袖　白無垢小袖七重ね
（サゲ）サンバイの　今こそ神名は　もらわれる
（早乙女）もらわれる　ひるごの宮にと　移られる
（サゲ）サンバイに　駒が飛来する何駒か
（早乙女）何駒か　ぜんぜん葦毛に黒の駒
（サゲ）サンバイの　今こそござる宮の上
（早乙女）宮の上　葦毛の駒に　手綱ゆりかけ
（サゲ）手綱ゆりかけ　速いが駒
（早乙女）ヘーイ　ヘーイ　ヘイヤーレターマレ　速いが駒

田の神サンバイをたたえ、豊作を願う農民の気持ちをこめた壮大なスケールの歌であろう。

盆踊り歌

20 山を崩いて（隠岐郡隠岐の島町）

伝承者　隠岐郡隠岐の島町油井　藤野リツさん・明治三十年生ほか

ハァ　ちょいと山崩し
山を崩いて　田にしましょ
ハァ　ちょいと山崩し
山を崩いて　田にしましょ

盆の十六日は　踊りのしやげ
子持ち姿も　出て踊れ
盆の十六日は　踊りのしやげ
子持ち姿も　出て踊れ

「山崩し」と称する盆踊り歌である。命名は最初に挙げた歌の詞章「山を崩いて…」から来ていることは間違いない。盆踊りの歌の詞章にまで、田を広げ、何とかして稲を少しでも多く作りたいという、日常感じている切実な気持ちが述べられており、しかも、それを盆踊り歌の名前にまでしてしまっているところに、昔の農民の願いが垣間見られ、素朴ながらも、思ったところをストレートに出しているのが分かる。

元々、盆踊りは新盆の霊を慰めるために、該当する家の前で踊るとされている。そして、先

祖を供養する意味もこめて、集落の広場で、そこの集落の人々が、老いも若きも男も女も心を込めて踊るのである。

さて、この歌は隠岐の島町の油井地区で聞いたものであるが、同じ隠岐であっても海を隔てた島前《どうぜん》の西ノ島町にも同類があり、やはり「山崩し」と呼ばれている。次に紹介しておこう。赤之江地区で聞いたものである。

ヤーレ　山崩しぇ　ハラシェー　山を崩いて　田にしましょ　サアー
ヤーハートナー　ヤーハートナーイー　（小桜シゲさん・明治二十六年生）

この詞章から見ても、同類であると分かる。ところで、同じ「山崩し」と言われながら、詞章ではまったく一般的なものもある。同じ小桜さんから、このとき教えていただいたものを、囃し言葉を省略して挙げてみる。

今年ゃよい年　穂に穂が咲いて　道の小草も　米がなる
おまえ百まで　わしゃ九十九まで　共に白髪の　生えるまで
届け届けや　末まで届け　末は鶴亀　五葉の松
親を大切《たいしえつ》　黄金の箱に　せめて持ちたや　いつまでも

これらの詞章を眺める限り、いずれもがいわゆる七七七五の近世民謡調として、各地の労作歌や酒宴の席の座興に、どこででもうたわれている馴染みの歌なのである。

座敷歌
21 キヨが機織りや（隠岐郡海士町）

伝承者　隠岐郡海士町北分　宇野ツギさん・大正三年生

キヨが機織りゃ　キンニャモニャ
あぜ竹へ竹　殿に来いとの
キンニャモニャ
まねき竹　クラゲ　チャカポン
モテコイヨ

届け届けよ　キンニャモニャ
末まで届け　末は鶴亀　キンニャモニャ
五葉の松　クラゲ　チャカポン
モテコイヨ

隠岐地方を代表する座敷歌の一つであり、海士町の歌とされている。これは最近では、フォークダンスで用いられることもあるが、元々は宴席の余興でうたいながら踊ることが多い。

踊りは杓子を両手で持ち、歌に合わせて杓子をひらひらとひらめかせながら、ときおり頭上でカチンと合わせるもので、これはなかなかきらびやかで派手な踊りがついており、現地ではだれでも踊れるようである。

わたしも昭和四十八年から五年間、海士町に住んでいたが、宴会に出席したおり、地元の人々が、いとも軽やかにこの歌をうたいながら、踊るのを見たものであった。

ところで、ここに挙げた最初のものが「キンニャモニャ」独自の詞章で、囃し言葉を除けば、近世民謡調の七七七五調であることが分かる。

♩=84ぐらい
キ ヨ が　は　ーたーお　ーー りゃ キン ニャ モニャ　あ ぜ　だ　ー　ーけーーー
へ　だーけ　と の に　こー い　ーと　ーー　の キン　ニャ　モニャ　ま ね
き　ーーだーーーー　ー　ーーけ　ク ラ ゲ　チャ カ ポ ン モ テーコ　イ　ヨ

キヨが機織りゃ（七）あぜ竹へ竹（七）殿に来いとの（七）まねき竹（五）

そして囃し言葉の「キンニャモニャ」とか、「クラゲ、チャカポン、モテコイヨ」などが、ついている。昭和四十四年に日本放送出版協会から発行された『日本民謡大観（中国編）』によれば、西郷町でキンニャモニャを収録している。囃し言葉は同じだが、詞章は「うれし目出度の若松様よ、枝も栄えて葉も茂る」と一般的である。このときは本場、海士町での収録はなかったのであろう。次に同書の解説を引用しておく。

　島後の港町である周吉郡西郷町には「キンニャモニャ」と呼ぶ奇妙な名の唄が伝えられている。曲名の意味は不明だが、同系の唄が遠隔の地に点々と残っている。熊本市の花柳界での騒ぎ唄「キンニャモニャ」長野県上伊那郡伊那里村の酒席の騒ぎ唄「キンニョンニョンニョ節」などがそれで、愛媛県宇摩郡新宮村では田の草取りに謡っており、これらの唄は曲節も囃しことばも大同小異である。また新潟県佐渡にも「キンニョウモニョ節」という同巧の唄が、これは歌詞のみだが記録されている。

ここから見て海士町の歌も、これらの歌と無縁ではないようである。

苗取り歌

22 浜田の橋の（邑智郡川本町）

伝承者　邑智郡川本町川下三島　尼子マツさん・昭和三十五年当時八十四歳ほか

浜田の橋の　下見れば
ハァ　コイかや　フナかや　ハエの子か
サンバイさんの来なるやら
ソラ　藁を担《にの》うて
背戸履き　門履き　ソラ　藁を担うて
のう箸藁を手にゃ持ちて　沖の三斗田にな
アー　どのマチへぃ　降りよかと
背戸の三斗田にな

ア　苗代の隅々《すまずま》に
小麦こぼいたげな
ア　げにこぼいたげんなよ
ゆりやこぼいたげな

ア　苗代のす周りに　立つ木はなんの木
ア　楠にバンの木に　五葉の松の木やれ

苗取り歌である。夏休みを利用して、川本町辺りを録音機を持って歩いていたおり、ふと入ったお宅にいたお二人（もう一人は尼子ヒサコさん・年齢不詳）から教えていただいた。昭

♩=72ぐらい
はまだーーー の ーーーー はしの し たーー みーれーば
ハァ コ ーー イーかーや フ ナーかや ハ エーーの こ ーーか
サ ンバイさ んの き ーなるやーーら ソ ーーラわ ーらを に ーのうて
せ どーは き か ーどーはーーき ソ ーーラわ ーらを に ーのうて

和三十五年のことで、半世紀も前になってしまった。
田の神サンバイさんについての詞章は、「三十三ある」と話されたことも頭に残っている。
お二人は、これらの苗取り歌を興のおもむくままにうたってくださったものであり、歌の順番も特に考えてはおられなかった模様である。しかしながら、田を植えることは、昔の農民にとって、非常に神聖なものであったと考えられるから、歌のそれぞれにも、意味深長なものがこめられている。初めの詞章は、コイとかフナ、あるいはハエという魚が、浜田地区の橋の下を泳いでいる景色をうたっているが、案外、これも田の神サンバイさまに供える神饌物としての魚を描写しているのかも知れない。

　次の詞章は、いうまでもなくサンバイさまが、農業の神の姿をして来臨するところであろう。稲を刈り取れば、その枝葉は乾燥した後、藁になる。それを担ってくるというのであるから、これは豊作を擬したものではなかろうか。

　三番目の歌は「のう箸藁」と「のう」を平仮名書きにしたが、これは「農」の漢字を当てはめてもよいように思われる。これはサンバイさまが、稲藁を持って、聖なる数の「三」を踏まえた三斗田に降臨されるさまを描写している。

　最後の歌は、小麦をこぼしたところをうたっている。これについてはちょっと意味が分からない。田植えのための苗取り歌でありながら、どうして小麦が出てくるのであろうか。稲と麦の間に、特別信仰的な意味が隠されているのかも知れないが、それについては残念ながら不明なのである。

長持ち歌

23　さらば行きます（松江市本庄町）

伝承者　松江市本庄町　田村善実《よししか》さん・昭和三十六年当時五十五歳

さらばナーア行きます　どなたもさらば
長のナーアお世話に　アーなりましたガーヨ
さらばナーア行きます　どなたもさらば
今度ナーア来るときゃ　アー客で来るガーヨ

嫁入りで娘が家を出るおりうたわれる長持ち歌である。以前は嫁として、これまで育った実家を、人足の担ぐ駕籠に乗って出ていった。この長持ち歌は家を出るときだけでなく、道中、歌い手によってうたいつづけられ、婿の家に入るときにも受け渡しの歌があったりした。いずれも嫁になる娘や実家の両親、婿家先の人々の気持ちが込められていて、何とも言えない。

同じ伝承者からうかがった到着したときの歌など、囃し言葉を略して紹介しておく。次の歌は、婿家に到着したときうたわれる。

蝶よ花よと　育てたこの子
今宵貴方に　差し上げます

婿家では、呼応して待ち歌が出る。しかし、実際はじらしてなかなか待ち歌を出さない。そ

𝅗𝅥=50ぐらい
(V)
さらば　ー　ナ　ー　アーー　ー　いーきーまーー　す　ー
(V)
どなた　ーも　ーーー　さ　ーらーー　ば　ながーー　の　ナ　ーアーー
ー　おせ　わにー　ー　ー　ア　ー　なり　ーーまーした　ガ　ヨ

うすると双方で歌の掛け合いになった。やがて婚家の方から待ち歌が披露される。

門松ばかりが　松ではないよ　嫁御待つのも　待つじゃわいな

この歌が出てから、初めて婚家へ上がることができる。そして荷物もまた婚家へ上げるが、それが済むと、次の歌。

嫁御ばかりか　お荷物までも　奥の一間に　収めます

これでめでたく嫁入り道中は終わりになる。

この長持ち歌は、地方によっては「馬子歌」とか、「宿入《しゅくい》り」、「ナゴヤ」「祝言歌」なども称され、詞章についても、いろいろ存在している。吉賀町柿木村では、

ここは大坂《だいさか》　四十二の曲がりを　こけずまるげず　無事やりましょう
担《かた》ぎつけたよ　この長持ちを

これは道中歌であろう。また到着したら、荷物を花嫁の前に置き、次の歌をうたった。

これの座敷は　めでたな座敷　鶴と亀とが　酌取るよ　嫁さん静かに

（大田節蔵さん・明治二十八年生）

まだまだ類歌はあるが、紹介しきれない。

神楽歌

24 めでためでたの（隠岐郡隠岐の島町）

伝承者　隠岐郡隠岐の島町布施　灘部修作さん・昭和二十三年生《　》内は、升崎勝吉さん昭和七年生

めでためでたの若《松ョ様は》
ハー　枝も栄える
葉も《ヤーレ　ショーオー　茂る》

布施の姉らと春《かす》《日《うが》のョー　森は》
ハー　ほかに木〔気〕はない
松〔待つ〕
《ヤーレ　ショーオーばかり》

届け届けや末《えまでョー届け》
ハー　末は鶴亀　五葉《ヤーレ　ショー
オーの松》

布施はよいとこ　三《み》《いつの　ョー　谷
に》
ハー千歳《ちとせ》変わらぬ杉　《ヤーレ　ショー
オーの色》

これは隠岐の島町布施にある大山神社の神事でうたわれている。歌は出だしを単独で一人がうたい出し、途中から別な者が後半の詞章を引き受ける形でうたっている。

ここの神様は、暴れることが大好きだとかで、

ご神体の杉に蛇体を巻き付けようと、マサキの蔓を運ぶおりに、つい暴れるので、それを鎮める意味にもうたわれると、当地では説明されている。そしてこの歌の名前を「神楽歌」と称するのである。

♩=46ぐらい
め で ーた ー ーー ー め ー で ー ーた ーー ー の ー ーわ か
《ま ー ー ーつ ー よ ー さ ま ー ーは》 ハ ーえだもさ か ー
え ー ーー る ー ー はも《ヤ レ ショー オ ーしげー る》

さて、詞章であるが、初めの「めでためでたの若松様は、枝も栄える葉も茂る」については、一般的なもので、どこの地方でもおなじみである。いわゆる縁起の良い内容で、神事にうたうのにも適しているといえよう。

二番目の詞章の中の「春日」の地名であるが、これは大山神社のある所である。そして「ほかに木はない、松ばかり」は、「春日の森」の木の種類をいっているが、そればかりではなく、むろん、「布施の姉」の語句にも掛けられ「ほかに気はない、待つばかり」と、当地の女性の慎ましやかさを、それとなくうたい込んでいる。

また、三番目の「届け届けや末まで届け、末は鶴亀五葉の松」の詞章も一般的で、縁起の良い内容となっている。

最後の「三つの谷」とあるのは、旧布施村内にある北谷、中谷、南谷の三個所を指している。そして「千歳の杉」であるが、これは大山神社のご神体である杉のことをうたっている。また、はじめにも述べておいたが、この杉にはマサキの蔓を蛇体の意味で、七巻き半ほど巻きつけるため、そこまで出かける山登りのおり、道行きとしてうたわれている。

なお、蔓を木に巻くときには、この神楽歌ではなく、別な種類である「木遣り」なる歌をうたっている。ただ、ここでは紙数の関係で、次回に紹介したい。

木遣り

25 今日は吉日（隠岐郡隠岐の島町）

伝承者　隠岐郡隠岐の島町布施　升崎勝吉さん・昭和七年生（　）の中は、灘部修作さん・昭和二十三年生がうたう。《　》の中は升崎さんと灘部さんでうたう。

トコー　ドーットコセ
（アーエーイヤアー）
ハーエーイヤー
（アーエーイヤアー）
エーヤーラー　アアーアーエーイー
（ヤーラーエーイー　ヤラエー）
今日は吉日《きちにち》　大吉日じゃ
エーイーヤーラー　アアーエーイ
（ヤーラ　エーイヤラーエー）
今こそ大山神社の
帯締めの祝いの糸の　そろいじゃ
エーエーヤーラー　アアーエーイー
（ヤラーエーイーヤラエーイ）
ヨイサー（ホーイ）ヨーイトナー
（ホラーエーイデモ　アリャリャノリャ）
アア　ドッコイ
（ヨーイ　トーコ　ヨーイ　トーコーナー）
ホーランーエー
糸のそろいは　ヤーエー
（アーヤートコシェー　ヨーイヤナー）
ハア　糸のそろいは　琴三味線で
ヨーイートーナー
（ハアーホラーエーデモ　アリャリャノ

♩=76ぐらい
トトコー　ーード　ットコ　ーセ　（ア　エ　イヤア）ア　エ　イヤア（ア　エ　イヤア）
エ　ーヤ　ラ　アア　ーーーエ　イ　（ヤ　ラ　エ　ー　イ　ア　ア　ーエイ）
きょう　は　きちにちだいきちにちじゃ　エ　ー　ー　ー　ヤ　ラ　アア　ーエ　イ

リヤ）
ハア　ドッコイ（ヨーイトーコ　ヨーイトーコーナー）
ホーランエー　重たいはずだよ　ヤーエー
（アーヤストコシェーヨーイヤナー）
アー　重たいはずだよ　千両《しえん》万両の　金蔵《かなぐら》じゃもの
ヨーイトーナー（アー　ホーランエーデモ　アリヤリャノリャー）
アア　ドッコイ（ヨーイトーコ　ヨーイトーコーナー）
ホーランエー　山の奥に　ヤーエー
（アー　ヤストコシェー　ヨーイーヤナー）
ハアー　御《み》山の奥に鶴さん舞えば　ヨーイートーナー
（ハー　ホーラーンエーデモー　アリャリャノリャ）
ハアー　ドッコイ（ヨーイトーコ　ヨーイトーコーナー）
ホーランエー
春日《かすが》の浜に　ヤーエー（ハアー　ヤーストコシェー　ヨーイヤナー）
ハアー　春日の浜に亀さん遊ぶ　ヨーイートーナー
（ハアー　ホーランエーデモー　アリャリャノリャ）
ハア　ドッコイ《ヨーイートコー　ヨーイトコナー》
ドドコー　ドーットコシェー
《アーエーイー》

布施にある大山神社の神事でうたわれるが、解説は前回を参照していただきたい。「春日の浜」は大山神社の近くの浜。

味噌搗き歌

26 味噌を搗くなら（仁多郡奥出雲町）

伝承者　仁多郡奥出雲町上阿井　山田福一さん・昭和三十九年当時五十三歳・他

味噌を搗くならどんどと搗きゃれ
アラ　下に卵が　ありゃしまい
うちのお家は前から繁盛
アラ　今は若代で　なお繁盛
うちのお背戸の三つ又榎《えのき》
アラ　榎の実ゃ　ならいで金がなる
アラ　中見て底搗け

伝承者の方々から「味噌は大きなヒシャクで、力を出してたたくように入れるものである」とか、また、「味噌を搗くときにはうたわないと腐る」と言われていたと教えられた。したがって、味噌搗き歌はその労作歌として、以前は盛んにうたわれていたようである。しかし、昭和六十一年に島根県教育委員会から出された民謡緊急調査報告書『島根県の民謡』には、残念ながら味噌搗き歌は掲載されていない。昭和四十四年に日本放送協会から刊行された『日本民謡大観』中国編では、亀嵩村（現在の奥出雲町亀嵩）の「味噌搗唄」として、次の二曲が紹介されていた。

味噌を搗きゃらばどんどと搗きゃれ
ヨイヨイ
瀬谷玉子は　家では置かぬ　ホイ　瀬谷玉子は家では置かぬ
高い山から　谷底見ればナ　アヨイヨイ
瓜や茄子の花盛りナ　ハリワナヨイヨイ　コレワナドンドンドン

初めの歌の後半の「瀬谷玉子は…」であるが、これは「下に玉子は…」とうたった出雲方言の訛りを、翻字するさい聞き間違え固有名詞のように「下に」を「瀬谷」と解釈したものと思われる。

ところで、わたしの収録した山田さんの歌や『日本民謡大観』にしても、最初の「味噌を搗きゃらば…」の詞章の歌は、まさに味噌搗き歌そのものであるが、それ以外の詞章は、いつどこでうたってもよく、他の労作歌でもうたわれる一般的な七七七五の近世民謡調の詞章である。したがって、各地の他の種類の労作歌とか安来節などの座敷歌でも広く用いられている。

なお、「高い山から谷底見れば…」の歌は、江戸時代の宝暦年間（一七五一～一七六三）ごろに流行したもので、長野県の南信地方では盆踊り歌に使い、岡山市や下関市付近では餅つき歌としていたという（藤田徳太郎著『日本民謡論』一九四〇年・萬里閣）。

まさに自在に使われる民謡の姿を見るのである。

田植え歌

27 天下泰平（邑智郡邑南町）

伝承者　邑智郡邑南町阿須那　斎藤秀夫さん・昭和三十五年当時四十七歳

天下泰平　国家安全　五穀成就の苗をば
それを取りて　押し分けて
植えてたもれかせの

なんと若苗　稲鶴姫に

酒は来るヤレ　肴はなくして　宍道茶を
宍道茶の葉をば　酢和《あ》えにゃ和えて　御肴《おんさかな》
酒の肴にゃ　コノシロ焼いて

思うともヤーレ色には出すなよ　杜若《かきつばた》
思わぬふりで　恋をする

思いかけたよ　小池の花に

安珍清姫は　日高川にこそに

日高川を渡るとて　船頭仰天したとな
何と清姫大蛇となりて　波を押し分け
角ふりあげて

♩=54ぐらい
てんかたいへーーいこっかあんぜん　ごこくじょうじゅのなえをば
(V)
それをとーりーておしーわけーてーうえてたーもれかーーせの

広い面積の田を植えるときにうたわれたものである。そしてこれらは、わたしがこのような伝承文学を研究し始めたころ、川本町に宿を取って、夏の一日を邑南町に出かけたおりに、偶然、斎藤秀夫さん宅にお邪魔して教えていただいた。このとき実際はまだまだ多くの歌を、斎藤さんからうたっていただいている。

それはそれとして、ここに挙げた詞章だけでも、田植え歌の内容が多彩であることがお分かりいただけると思う。

初めの詞章は、いかにも厳かに稲の苗に祈りをこめて「天下泰平国家安全…」と五穀成就を祈願している。そしてその稲の苗は稲鶴姫に奉納したものとしているのである。稲鶴姫というのは、田の神の姫君の名をいうのであろうか。

続いて昼食のメニューが披露され、次いで「思わぬふりで」からは、恋についての心構えを説いている。そして詞章は一転、紀州で名高い、「安珍清姫」の伝説になる。

紙数の関係でこれ以上の内容を紹介できないのは残念であるが、田植え歌は、更に源平合戦のエピソードをうたったり、田の神サンバイの誕生を説いたり、あるいは親しくなった早乙女への慕情を述べたりなど、延々と続いて退屈しない。

けれども、現在の田植えは、以前のように大勢の早乙女が田に入り、一斉に植えたのとは違い、機械を使ってあっというまに植え終えてしまい、田植え歌もうたわれる機会を失ってしまっているのである。

盆踊り歌

28 ショーガイナー（隠岐郡知夫村）

伝承者　隠岐郡知夫村仁夫　中本マキさん・明治三十九年生

しょうがい婆《ばば》　焼き餅好きで
今朝の茶の子に　百七つ
ショーガイナーエー　百七つ
今朝の茶の子に　百七つ
ショーガイナーエー

なかなか愉快な内容の盆踊り歌である。この歌を「ショーガイナー」というのは、途中に囃し言葉として「ショーガイナーエー」なる語があるからだと思われる。

隠岐地方では、焼き飯という、少し変わった握り飯風の食べ物がある。これは握り飯の上辺に、この地方独特の小醤油と称する味噌を塗り、それを鉄器にかけ、下から火を当て、ほのかに焦げる程度にしたものである。案外、この歌でうたわれる焼き餅なるものも、それと関連したもののように思えてならない。

続いて「茶の子」であるが、これは朝食と昼飯の間に摂る食事のことを言っている。現在でこそ一日の食事は、朝、昼、晩と三回摂るのが常識のように考えられているが、少なくとも第二次世界大戦までの農村では、五回とか、農繁期では六～七回も摂るのが普通だった。朝食と昼飯の間の十時頃に摂る食事を出雲地方や隠岐地方では「茶の子」と称し、石見地方では「小昼《こびる》」と呼んでいた。

ところで、主人公のしょうがい婆さんは、よほど焼き餅が好きなようで、茶の子に百七つも食べたという、なかなかの大食家であり、そこをからかうように、この詞章ができているところが愉快である。

大人の盆踊り歌に、このような詞章が使われているのであるが、実は似た歌が手まり歌として存在している。鳥取県西部の西伯郡伯耆町（旧・岸本町）では、

源が婆《ばば》さん　焼き餅好きで　宵にゃ九つ　夜食にゃ七つ
けさの茶の子にゃ　百七つ
（西賀世智子さん・大正元年生）

また、境港市外江町でも、

そこを通るはお千でないか
お千ちょと来い　もの言うて聞かしょ
われが伯母さん　焼き餅好きで　ゆんべ九つ　夜食に七つ
けさの茶の子に百七つ
（浜田泰子さん・大正元年生）

最初の盆踊り歌と比べると、手まり歌の方が内容的には、いろいろな要素を取り込んでいる。そして両者ともよく似ている点も否定できない。このように思わぬところで、大人と子供の世界は交流している。

影人形節

29 夕べ夢見た（松江市島根町）

伝承者　松江市島根町野波　余村トヨさん・昭和三十六年当時七十六歳

夕《ゆん》べ夢見た　めでたい夢を
舟が三バイ来たと見た
先舟なんぞを眺むれば
米なら千俵も二千俵も
俵《たわら》叺《かます》を積んでいる
また来る舟をば眺むれば
大判小判がなり下がる
後なる舟をば眺むれば
七福神が乗り合わせ
中には弁天さんが酌をする
なおなおこの家《いえ》は
千年万年繁盛する

夕《ゆん》べ夢見た　大きな夢を
富士の山背《お》なに負て
奈良の大仏さんは腰にはせ
千石船をば下駄に履く
そのまた帆柱杖につく
海の水を二口三口半に飲み干いて
えはんえへんと咳払い
瀬田の唐橋が飛んで出た

影人形節を二つあげておいた。まず、影人形の説明をするが、実はこれは筆者自身まだ見たことはない。辞典を借りると「影絵ノウチデモ、特ニ浄瑠璃ニ合セテ劇的動作ヲ見セルモノヲイフ。別名〝影芝居〟〈春の夜や影人形の初芝居（洛陽集）〉（『国民百科大辞典』昭和九年・冨山房）とある。

♩=76ぐらい
ゆんべーー　ゆーめみーーーーたーー　めでたーいゆーめーを
ふねがさん バイ　きた とみ たーー　さき ぶね な んぞを　なが む れば
こめなら ーせんびょうも　にせ んびょうも ーー　たわ らー か ますを　つん で いる

そうして見るとここでは江戸時代に祭りのおりなど、臨時に作られた小屋でこれは行われており、今日の影絵に似ていて、動作が動く点に特徴がある芸能であったと思われる。そして少し大きい神社の夏祭りとか秋祭りのおりには、この舞台が臨時に作られ、どこからか興行師がやってきて、派手な呼び込みとともに小屋の中で演じられる。そしてそれを見ることは庶民のささやかな楽しみだったに違いない。

そのおりうたった歌を影人形節と呼んでいる。例えばここに紹介したようなものである。共通して言えることは、スケールの大きい、そして縁起の良い内容である。

まず、最初の歌であるが、米をたくさん積んだり、お金を積んだ船、あるいは縁起の良い七福神が乗った船など三艘もわが家に到着したというのである。そして終わりにその家を言祝《ことほ》いでくれているのである。

また、次の歌であるが、富士山を背に負い、千石船を下駄に履き、その帆柱を杖にしているという出で立ちの人物が登場している。その人物は更にあの大きくて有名な奈良の大仏を腰に挟んでいるというのである。そしてオチは、咳払いをしたら瀬田の唐橋が飛んで出ているというのであるからすごい。

この方は、昔話でいうテンポ物語同様、典型的なホラ話である。そのスケールの大きさゆえ、人々の健全な笑いを誘い、好まれたものであろう。

紙すき歌
30 いやじゃいやじゃよ（鹿足郡吉賀町）

伝承者　鹿足郡吉賀町柿木村茂土路　大田節蔵さん
明治二十八年生

いやじゃいやじゃよ　紙すき仕事
朝間疾うからサ　水仕事
腹がせくせく頭がはしる
腹にねんね子がサ　宿るやら

隠しゃしませぬ　三月《みつき》でござる
水の上でもサ　寝とござる
十月十日《とつきとうか》も苦労はしたが
生まれたこの子は主さんによく似て
トコねえちゃん　愛らしや
トコ　ホントニ　ホントニ

これは昭和三十七年に教えていただいた労作歌の一つである。

ここ吉賀町柿木村は江戸時代、津和野藩に属していた。藩では農民に紙すきを奨励しており、江戸表でも「津和野半紙」として知られていた。もっとも昔から一般的に石見地方一帯によい紙は作られたようで、それらを一括して石見半紙の名前が聞かれた。隣の浜田藩でも紙すきは盛んだった。今も三隅町で作られる三隅半紙など

♩=116ぐらい
いやじゃー　ー　い　やじゃ　よ　ー　か　み　す　き　し
ー　ご　ー　ーー　ーと　ー　あ　さ　ま　と　うか
ー　ら　ー　サ　み　ずし　ー　ー　ごー　ーー　ーと　ー

は、この伝統を継ぐものである。

さて、吉賀町では紙の原料のコウゾを栽培していた。最近まで農家の作業場にコウゾを蒸した後、皮をはぐためのコウゾへぎが残っていた。

ところで、コウゾを蒸した後、更に水にさらし、それを簾《す》で何度も漉《こ》しながら紙にしていく作業は、厳寒期のしかも朝早く行われる。その労働の辛さをうたったのが、ここに紹介した歌である。

うたい手である大田さんの話では、吉賀町において、一般の家庭で実際に紙すきが行われていたのは、明治改元後もまだ続けられ、第二次大戦中まで見られたが、その後廃れたという。また、この紙すき歌については明治三十五年くらいまでうたわれていたようだったとのことである。

詞章を見ると、まず朝早くからの紙すき仕事の辛さを述べて、その理由を妊娠による体の不調としている。そして後半では赤ん坊の誕生の喜びと、その子のかわいらしさを愛でているから、必ずしも紙すき作業をストレートに否定してはいない。けれどもやはり、寒い冬の早朝からの作業は、決して歓迎されるはずもないのである。

労作歌というものは、うたうことでリズムがとれて、作業がはかどるという効能がある。田植えには田植え歌、木挽きには木挽き歌、臼挽きには臼挽き歌があるように、紙すきに紙すき歌があったのではあるが、こうして詞章から見るだけでも、その作業には大変な辛さを伴っていたことが分かる。

相撲取り節

31 一つになるから（隠岐郡隠岐の島町）

伝承者　隠岐郡隠岐の島町加茂　仲本伝太さん・明治二十五年生

ハァー　エー　一つうたいましょう
相撲取り節をヨー
一つになるから乳を飲む
二つになるから箸を持つ
三つ四つは遊ばせて
五つになるから管をかく
六つで木綿を織りはじめ
七つで何でも　せにゃならぬ
八つで縫い針　仕立物
九つ紺屋にもらわれて
十で殿ごを持ちはじめ
十一なるかや明けの春
かわいい殿ごの帷子《かたびら》を
おんで紡いで枠に取る
枠に取ったはよけれども
あじぇの返しを　まだ知らぬ
姑《しゅうと》さんにと手をついて
教えてください姑さん
おまえの親さや教えぬに
なぜにわたしが　教えよかえ
小姑さんにと手をついて
教えてください小姑さん
姑さんさや教えぬに

63　一つになるから

♩=120ぐらい
ハア　ー　ーエ　ひとつ　うたい　ましょう　すもうと　り　ぶーし　をヨーー
ひとつ　になるか　ら　ちち　を　のむ　ふたつになるか　ら　はし　を　もつ
み　っつよ　っつは　あそばせ　て　いつつになるか　ら　く　だ　を　かく

なぜにわたしが　教えよかえ
殿ごさんにと手をついて　教えてください殿ごさん
字算盤なら教えよぞに　あじぇの返しは　わしゃ知らぬ
人の嫁ごになる者があじぇの返しを　知らぬとは
あじぇ竹へ竹で　たたかれて　そこで嬢さんわんと泣く
奥の一間に駆け込む　しゃんと結ったる　島田をば
根からすっぱり切り離し　殿ごの膝にと投げつけて
わしはここ出りゃ　花が咲く　後は乱れる　ノーササ　アラ　嫁はな
いヨー　アー　ドッコイサーノ　ドッコイサ

相撲取り節は、隠岐では相撲大会や祭りなどの余興で、今でも盛んにうたわれている。歌の詞章はいろいろあるが、ここに紹介した歌は、娘の成長を読み込み、中心となっているのはその娘が嫁になった後の厳しい嫁と姑の確執をうたっているところにある。まず、歌は赤ん坊時代から始まり、数え歌形式で物語を進めてゆく。この歌では十歳で結婚しているから、今なら早婚である。そして十一歳になったときから、問題が起きるのである。「あぜの返し」の縫い方を知らなかった嫁は、しかたなく姑に尋ねるが、「おまえの親さや教えぬに、なぜにわたしが教えよかえ」とけんもほろろの扱いを受ける。嫁はさらに小姑に聞くが、やはり同様である。頼みとする夫も決して温かく扱ってはくれない。そこで嫁は立腹し、捨てゼリフを残して家を飛び出してしまう。この歌は手まり歌でもうたわれている。

ところで、昭和九年に東明堂から刊行された『日本民謡の流れ』で藤沢衛彦は類歌を引用され、この歌が江戸時代にうたわれていたと述べている。

田植え歌

32 あの子よい子だ（飯石郡飯南町）

伝承者　飯石郡飯南町志津見　橋本ヨリ子さん・大正十四年生

あの子よい子だ　ぼた餅顔で
黄粉《きなこ》つけたらなおよかろ
ハー　ヤレ　なおよかろ
黄粉つけたらなおよかろ

姉は十九で　妹《いもと》が二十歳《はたち》
どこで算用《さんにょ》が違《ちご》うたやら
ハー　ヤレ　違うたやら
どこで算用が違うたやら

一人娘が　姉妹《おとどい》連れで
川へ流れて焼け死んだ
ハー　ヤレ　焼け死んだ
川へ流れて焼け死んだ

この歌は「かつま」と称する田植え歌の一種である。本格的な田植え歌は最初、決められた歌を順を追ってうたうが、時間が経過すると、決めたものではなく、いつうたってもよい自由な歌も挿入されることになる。そのような種類の歌を出雲地方では「かつま」と呼ぶ。石見地方ではこれに相当するのを「小唄」と称することが多い。この「かつま」歌の詞章の基本文節数は、七七七五となっており、このスタイルを一般的には近世民謡調といっている。「安来節」とか「関の五本松」などの有名な民謡の多くが、この形を取っている。

さて、ここに紹介した歌は、実に楽しい内容になっている。

♩=66ぐらい
あ の こー よい ーこ だー ぼ たも ちー が おーで
きーーなーこ つけーた ら なーお ー よかろ ハ ヤ ーレ
なおよかろ きーーなーこ つけーた ら なーお ー よかろ

初めの「あの子よい子だ…」は、ぼたもち顔でよいとするのであるから、顔の形が丸いのをかわいいとするように一見とれるが、実際はからかっているわけで、それは後半の「黄粉つけたらなおよかろ」と呼応させたところで分かる。

田植えは何人かが寄って、集団で行うことが多いが、単調な作業を長時間続けるのは、やはり辛いものである。そのようなおりにスムーズに作業の能率を捗らせるため、田植え歌はうたわれる。そしてその内容はさまざまなのである。男女間の機微をうたった歌も多いが、それとは違ってユーモアに富んだこのような詞章も存在している。

次の歌「姉は十九で妹が二十歳…」もなかなか面白い。姉妹の年齢が逆転していることになっているが、現実にはそのようなことがあろうはずがない。また最後に挙げた「二人娘が姉妹を連れて…」も矛盾している。「川に流れて焼け死んだ」もないものである。川に流されれば溺れ死ぬはずであるが、その逆をうたっており、そのナンセンスを楽しむのである。

そのようにあるはずのないことを、いかにもありそうにうたっているところに、庶民のたくましく健全なユーモアを愛する精神が垣間見られる。

なお、七七七五の後に、「ハー、ヤレ」以下、一部変形したくり返しが見られるが、これはうたってもうたわなくてもよく、この部分は「返し」と呼び、田植え歌に限らず、臼挽き歌などでも認められるものである。

木挽き歌

33 木挽き女房にゃ（江津市桜江町）

伝承者　江津市桜江町谷住郷　今谷太郎一さん・昭和三十五年当時六十二歳

ヤーレ
木挽き女房にゃ　なるなよ妹《いもと》
木挽きゃ息を引く　はよ死ぬる

中国山地の山林には、成長した樹木を伐採し、板にする作業を生業《なりわい》とする人たちが多かった。その人々を「木挽き」というが、昔はノコギリ一本で作業をしていた。もっともそのノコギリにも、いろいろな種類があったが、ともかく現在のように電動のチェンソーがあったわけではなく、手作業で木を伐ったのであった。その作業は単調ではあり、人々のいない深山で行われるのが多かった。したがって、木挽き仕事でうたわれた歌にも、ここに紹介したように、自然、そのような辛い状況をうたったものもあった。

これはたまたま桜江町で聞いたが、島根県下各地でこの詞章はうたわれ、数多い木挽き歌の中でももっとも知られたものである。

類歌として津和野町木部に次の歌がある。

妹行くなよ　木挽きさんの女房にゃ
木挽きゃ息を引く　はよ死ぬる
（松浦マスさん・昭和三十七年当時七十歳）

隠岐の島町中村でも次のようになっていた。

木挽き女房にゃ　なるなよ妹　木挽きゃ身をめぐ　はや死ぬる

（三浦シゲさん・明治三十年生）

同工異曲であろう。さらに厳しい詞章を眺めておこう。

木挽き木挽きと　名は高けれど　松の根切りで　おにょほえる

（大田市大代町大家　山崎敬介さん・昭和三十六年当時六十四歳）

木挽き木挽きと　大飯をくろて　松の根切りでよろぼえる

（大田市川合町吉永　酒本安吉さん・昭和三十六年当時八十七歳）

木挽きさんたちゃ　一升飯ょ食うて　松の元木で泣いたげな

（吉賀町柿木村下須　川本一二さん・明治四十四年生）

この吉賀町柿木村の歌は、その前の大田市のものと内容的にはほとんど同じものであろう。ところで、同町の歌については、それに呼応する内容を持った次の歌も準備されていた。うたい手は同じ川本さんである。

松の元木で　泣いたなぁ嘘よ　親の死に目にゃ二度泣いた

言外に木挽き仕事の厳しさがしのばれる。

盆踊り歌

34 盆が来たらこそ（隠岐郡隠岐の島町）

伝承者　隠岐郡隠岐の島町郡　村上忠男さん・明治三十四年生

盆が来たらこそ　麦に米混ぜて
中に小豆をちらぱらと
盆の十六日ゃ　踊りの仕上げ
ばばも出やりな　孫連れて
踊り踊るなら　品《しな》よに踊れ
品のハー　よい子は　こちの嫁

盆踊りは、先祖の霊を慰めるために行われる。したがって、以前は、集落の広場とかお寺の境内で踊られるばかりでなく、新盆を迎える家の門先で踊るものだとしている所も多かった。

ここで紹介した歌の詞章を眺めると、それぞれそれなりの意味を示していて興味深い。

最初の歌は、ハレの日の盆であるから、おいしいご馳走を作ろうとするのであるが、貧困にあえぐ庶民の境遇では、思うようには行かず、それでもせめてもの気持ちをこめて作った料理は、麦飯の中に多少の米を混ぜ、小豆を散りばめたご飯である、というのであった。昔の厳しい食生活がしのばれる。この詞章は隠岐地方では、一般的にうたわれているが、隠岐地方に限らず、多くの地方で共通するものであった。
わたしは、これを聞くとなぜか石見の吉賀町柿木村で見つけた田の草取り歌を思い出してならない。

♩=88ぐらい
ぼんーーが　ーきたらこそ　むぎにこめ　まーー
ぜーてーなーかー　に　あずき　をちら　ぱーらーと

盆が来たちゅて　うれしこたぁないよ
踊る帷子《かたびら》　あるじゃなし
盆が来たなり　背戸の早稲ゃ熟れん
何のよかろぞ　冷え盆じゃ

（大田サダさん・明治三十年生）

生活の貧しさと不作の苦しさがしみじみとうたわれているという点で、共通しているのである。

次いで二つ目の「盆の十六日ゃ…」の歌は、前者とは一転して、踊りの楽しさをうたっている。

若者が喜んで踊るのはよいが、そればかりではなく、平素は孫の守りで苦労をかけているおばあさんも、今夜は孫と一緒に出てきて踊りなさい、と誘っている。

最後にあげた歌は、踊りの品定めをしながら、結局は身びいきとでもいうのであろうか、一番上手に踊るのは、わが家の嫁だとしている。いかにも素朴な歌である。「品のハー　よい子はこちの嫁」とうたうのは、案外、呼ばれて出てきた姑にあたるそのおばあさんであったかも知れない。こうなってくれば、この家では嫁と姑のいがみ合いもなく、いたって平穏な家庭であるといえるようである。

このように盆踊り歌一つを取っても、その中には庶民の生活の哀感がこもっているのである。

大黒歌

35 三が三なら（松江市島根町）

伝承者　松江市島根町瀬崎　伊達チカさん・昭和三十八年当時八十三歳

ハーイヤー　それではノー　タエナー
三がナー　三なら　三三のナー　九つ
算盤ナーエーでの　めぁしナー
ごさんにょうだ　まだアエナサー
エートナー　ソラェヤー

アーエヤー　それではノータエナー
こちのナお家の床前を眺むれば
白いナー　鼠が　小判をナー　くわえて
あちらへもナー　ちょろちょろと
こちらへもナー　ちょろちょろとナー
真ん中どころで　落といたら
この家はナー　ご繁昌だい
まだあえらしいぉとえー　トナー　アイア
ヤー

録音では詞章が聞き取れないところが多いが、この大黒歌は今日では聞けなくなった貴重なものである。元来、この歌は、新年になるとどことも なく現れて各家々を回り、めでたい詞章の歌をうたって去って行った遊芸人の歌なのである。

島根県教育委員会が昭和六十一年に出した

『島根の民謡』の勝部正郊氏の文章を参考に抜き書きしておこう。
…上から下まで黒一式、頭は黒の御高祖頭巾、黒のコートに下は長着と紺の脚絆、白足袋に爪ご草履、手甲をつけた女性で、これが大正末年から昭和初年のころの大黒人であった。後にはコートがマントに変わってきたが、更に大正のころまでは蓑笠に頭巾の覆面であった。目だけを出して顔は覆い隠す。この頭巾をウエミンの頭巾といった。いかなる大家の門を潜っても、頭巾はもちろん蓑笠は着けたままの天下御免の服装であった。もとは女性が扮した大黒であったらしく、いわば神人であったようである。

♩=138ぐらい
ハ イヤ それではノータエナさんがナ
さ んーならさざん のナ こ このつ そろばんナ
エーでーの めぁしナー ーごさんにょうだ ーまだ
ア エナサ ーーエーー トナーソラーー エ ヤ

大黒人は決して出自を語らず、歌以外には口をきかなかった。迎える家でも強いて尋ねることもせず、寒さに堪えて正座を続け丁重に儀礼を尽くした。福神に対する儀礼であった。

採り物は長さ十二～三センチ、幅約二～三センチほどの真竹で作った拍子木、これで拍子を採りながら二人一組で掛け合いに歌を歌う。門に立って雪を払い土間に入るやいなや歌い始める。御免をこう言葉もない。家内では襖障子を奥まで開け、家族は上り端の間に正座して祝福を受けるのが習わしであった。

また、歌は序の段、本歌の段、納めの段の三つの部分からなり、鳥取県西部を回る伯耆系、出雲地方を回る出雲系、石見地方を回る備後系などがあった。

紹介したのは序の段に属しているようである。

餅搗き歌

36 庭で餅搗く（鹿足郡津和野町）

伝承者　鹿足郡津和野町吹野　松浦マスさん・昭和三十七年当時五十歳

庭で餅搗く　表でちぎる
ヤンサエ　ヤンサエ
奥の間四畳半じゃ　餅並べ　ヤンサエ
ヤンサエ　ヤンサエ

祝い用に搗く餅であるが、歌をうたいつつ搗かれる場合もあった。そこでは縁起を担いでよい言葉を散りばめた内容になっている。島根県内で餅搗き歌としてうたわれているのは、大田市から西の地方に限られているようで、出雲地方や隠岐地方では聞かれない模様である。また、正式には餅搗きのさいには、搗き方の男性や臼取り方の女性にしても、前年に家庭で不幸がなく、両親そろっている男女が担当することになっていたのである。

さて、ここに紹介した詞章は、言うまでもなく裕福さを示すまことにめでたい内容である。途中「ヤンサエ」というのは囃し詞であるので、それを除いて音節数を見れば、七七七五となり、いわゆる近世民謡調といわれる形式であることが分かる。同類を少し挙げておこう。

旦那大黒　おかみさんは恵比寿

=48ぐらい
にわ　で　ーもち　つ　く　ーおもてで
ーちぎ　ーー　ーーーーーー　る　ヤンサエ　ヤンサエ　おくの
まの　ーよじょう　はんじゃ　もち　な　らーべー　ー　ヤンサエ　ヤンサエ

一人ある子は福の神（浜田市三隅町森溝　金谷ナツさん・昭和三十五年当時七十二歳）
餅を搗きゃるなら　一石二斗どま搗きゃれ　ヤレ二斗や三斗は
ヤンサだれも搗く（浜田市三隅町　岩田イセさん・昭和三十五年収録年齢不詳）

まことに景気の良い詞章である。

ところで、東の大田市では節は違うが、やはり縁起の良い詞章がうたわれていた。

これの主人の　ナア祝え年（祝い年）　恵比寿ヨイ
大黒さんの舞い遊び　ヘイヤダ　ヘイヤダ（大田市川合町吉永　酒本安吉さん・昭和三十六年当時八十七歳）

大漁の神である恵比寿神や豊作を司る大黒神が舞い遊ぶというのであるから、実に縁起の良い歌であろう。

また、次の歌は直接には縁起の良い内容というのではないが、ストレートに餅を搗く目的をうたっている。

今年ゃ旦那の　祝い年　旦那祝いの　餅を搗く（大田市川合町　改田ヒサさん・昭和三十六年当時八十二歳）

中には餅の搗き方をうたっている詞章もある。

搗かば搗け搗け　中を搗け　ヤ　真ん中をヨイ　搗かねば　餅ゃな
らぬ（大田市三瓶町小屋原　大谷ハツノさん・昭和三十六年当時七十二歳）

37 お恵比寿が（隠岐郡西ノ島町）

伝承者　隠岐郡西ノ島町赤之江　扇谷ゲンさん・明治三十六年生

お恵比寿《えびす》が　岩のヤーレ木陰で昼寝する
アアコリャ　ジュンニコイ　ジュンニコイ
鯛をヤァレ釣るような　夢を見た
コリャ　ジュンニコイ
※　ハアー　ジュンニコイ
アア　養子に来い
アア　養子に来るから　案ずるな

※印以下の囃しは、他の人たちでつける。

隠岐島は民謡が実に豊富である。それは島であるので各地より寄港する船の乗組員たちから仕入れた歌が、この地方でしっかりと根づいたところに理由があるのだろう。

さて、ここに挙げた歌は行事歌になる。一月二日、日本海側で新潟県から西の漁民の間に見られ、船祝いとして宴会を行う「松直し」の行事や同十日の「十日恵比寿」のさいの宴会でうたわれている。福を招き寄せる願いを込めた縁起のよい内容である。この地方でいう恵比寿神は、豊かな海の幸をもたらす神として信仰されているので、やはり漁民の神である。「鯛を釣るような…」の詞章に漁業の神としてのイメージが示されている。この十日恵比須の日、若者たちが御輿を担ぎ、集落内を勢いよく練り歩く姿は、なかなか盛大で見事なものである。

歌い手の扇谷さんは、この他にもうたってくださったので、以下に紹介しておきたい。

大黒は蔵の　ヤーレ木陰で昼寝する
アア　コリャ　ジュンニコイ　ジュンニコイ
俵を　ヤーレー　積むよな夢を見た
アア　コリャ　ジュンニコイ　ハアー　ジュンニコイ
アア　養子に来い　アア　養子に来るから案ずるな

ウグイスが梅のヤーレー　小枝で昼寝する
アア　コリャ　ジュンニコイ　ハアー　ジュンニコイ
アア　ジュンニコイ
アア　養子に来るから案ずるな　ジュンニコイ
花の　ヤーレー　咲くよな夢を見た
アア　コリャ　ジュンニコイ

大黒神は恵比寿神と一対で祭られ、「俵を積むような…」の詞章からも察せられるように、豊作をもたらす神であることはいうまでもない。よく民家の部屋の棚などに、この一対の神は祭られているのを見かける。

　梅とウグイスの取り合わせも知られているが、この鳥は「春告げ鳥」とされるところから、春を待ちこがれる人々の縁起を担いだ詞章と考えられるのであろう。

もとすり歌

38 酒屋男は（出雲市野里町）

伝承者　出雲市野里町　奥村信孝さん・昭和三十九年収録年齢不詳

酒屋男は大名の暮らし
五尺六尺ヨー　立て並べ
宵にゃもとする夜中の甑《こしき》
朝の洗い場がヨー　辛ござる
今朝の寒さに洗い場はどなた
かわい殿御でヨー　なけらよい
かわい殿御の洗い場の朝は
水は湯となれヨー　風吹くな

最近の酒造りは機械化されており、作業にも歌をうたうことは見られなくなった。しかし、昭和三十年代ごろまでは、昔ながらの人の力による作業で、その作業工程に応じて歌がうたわれていた。酒を造る専門家を杜氏とか、蔵人と呼んでいるが、その杜氏仲間で言われていた「歌半給金」という言葉の示すように、作業には、このように歌がつきものだった。

ここにあげたものは、昭和三十九年の夏に聞かせていただいた杜氏歌の一つである。出雲市でうかがっているので、いわゆる出雲杜氏の歌

77　酒屋男は

𝅗𝅥=44ぐらい
さかやお とー こーーー ーーーは ー だい みょうのく らーしー
ごしゃくろ くしゃく ヨ ーーたーて ーーなーーらーべ ー

である。

さて、酒を作るための仕込み作業は、厳寒の二月ごろに行われている。そのおり作業に合わせてうたわれていた作業歌が杜氏歌といわれるものである。そしてその歌にも作業に応じて、少し違ったメロディーとなっている。ここにあげたのは「もとすり歌」であるが、ほかに「うたいもの」と称する歌とか、「洗い場の歌」「桶洗い歌」「仕込み歌」などがある。

さて、詞章について眺めておく。

まず「酒屋男は大名の暮らし、五尺六尺立て並べ」であるが、杜氏の誇りをうたっており、「五尺六尺」というのは、酒を仕込んだ樽のこと。続く「宵にゃもとする…」以下の詞章は、宵から早朝など、多くの人々のゆっくりしている時間帯でも、酒造りのためには、懸命に働かなければならず、そのような辛さをうたっている。そして寒い朝の洗い場の作業が特に辛いものであることを、女性の目を借りてうたっているのである。

これらの歌の詞章は、全国的にも共通しているものも多い。京都の丹波杜氏の歌の中にも同様の次の歌が知られている。

今日の寒さに洗い番はどなた
可愛いや殿サの声がする
可愛いや殿サの洗い番のときは
水も湯となれ　風吹くな

杜氏たちは、年によっては乞われてあちこち離れた地方へも出かけたようで、そのようなところから、自然、歌の詞章の交流もなされたものと思われる。

桶洗い歌
39 酒はよい酒（浜田市三隅町）

伝承者 浜田市三隅町岡見 寺戸歳雄さん・昭和三十五年当時五十四歳

ヤレ酒はよい酒　ヤレ酌取りゃ馴染《なじゅ》みよ
ヤレ飲まぬうちから　ノーオー
ヤレ酔いが出るヨー

前回の出雲杜氏の歌に引き続き、今回のは石見杜氏の歌である。まず桶を洗うおりにうたわれていた「桶洗い歌」から紹介する。

酒造りはなにしろ寒い冬の間の作業なので、その作業は辛かった模様で「もとすり歌」には、その厳しさをうたったものが多いが、この「桶洗い歌」では、なぜかそのような詞章は聞かなかった。以下、寺戸さんからうかがった同類の詞章を囃し言葉を除いて上げておく。

わたしゃ一粒《いちりゅう》　流れちゃいやじゃ
共に入りたや　桶の中

親の意見と　茄子《なすび》の花は
千に一つも　仇もない

千里飛ぶよな　虎の子がほしや
便り聞いたり　聞かせたり

暑い寒いの　言付けよりも

79　酒はよい酒

金《かね》の千両《せんりょ》も　送りゃよい

こうして眺めてみると、「わたしゃ一粒…」の詞章は、まさに杜氏歌としてふさわしいが、次の「親の意見と…」以下は、必ずしも杜氏歌独特の内容ではない。他の労作歌としてうたわれていることも多い。つまり、これはどの場合でも融通の利く転用歌なのである。七七七五のスタイルを持つ近世民謡調として、これらの詞章は、いろいろな作業歌でうたわれていたのである。

　ところで、寺戸さんからは、杜氏歌である「もとすり歌」もうかがっているので、この機会にその詞章を上げておく。この方は朝の勤めの辛さもうたわれており、前回の出雲杜氏歌に通ずるものがある。

アラ酒屋　酒屋とヨー　好んでも来たが
アラ勤めかねます　ノーオー　この冬は
（以下、囃し言葉省略）
酒屋杜氏さんとねんごろすれば　蔵の窓から粕くれる
宵にゃもとする夜中にゃ甑《こしき》　朝の洗い場が辛うござる
朝の洗い場は　辛うはないが　一人丸寝が　辛うござる
酒屋もとすりゃ　もとが気にかかる　帰りゃ妻子が　泣きかかる

　このように「もとすり歌」の方では、寒さの中で厳しい仕事のさまや、気になる家族のことがそれとなくうたい込まれているのである。

松前木遣り

40 松前殿さん（隠岐郡隠岐の島町）

伝承者　隠岐郡隠岐の島町油井　藤田シナさん・明治四十一年生

松前殿さん　ヤーレ
ヤットコセー　ヨーイヤナー
ハアー松前殿さん　ニシンのお茶漬け
アー　ヨーイートーコーナー
ソーレーモ　ハララガリャー
ヨーイトーコ　ヨーイトーコーナー

（以下、詞章のみ）

千代に八千代に
千代に八千代に　苔むすまでも
笑い笑い入れるは
笑い笑い入れるは　大黒さんの賽銭《さいせん》箱

なかなか元気のよい感じの歌である。そして囃し詞もかなり長い。この歌は、その名前も歌の出だしの通り「松前殿さん」と呼ばれて、隠岐地方では酒盛りのおりの座敷歌である。

ただ、ここ同町油井地区では、神社の屋根を葺き替えるおり、祝いの餅を大八車に入れて引っ張りつつうたう道中歌なのである。

ところで、松前といえば、江戸時代に北海道の蝦夷にあった藩の名前である。であるから、その藩主を親しんで「松前殿さん」というのである。
また北海道ではニシンが名産であり、そこから「松前殿さんニシンのお茶漬け」という詞章が出ているものと考えられる。

𝅗𝅥=48ぐらい
まつまえーとのさーん　ーヤ　ーレ　ヤットコセ　ー　ヨ　ーイヤナ　ハア
まつまえとのさん　ニシン のおちゃづけ　アヨ ーイーートー　ーコナ
ソ ーーーレ ーモ　ハララガリャ　ヨ イ ト　コ　ヨーイト　ーコ　ー ーーーナ

この詞章を持つ歌が隠岐地方でうたわれているのは、江戸時代中期から明治にかけて盛んだった、北海道地方の産物を各地に運んでいた北前船と関係があると思われる。すなわち隠岐島にもそれらの船が寄港し、それらの船頭たちによって当地にも伝えられたものであろう。

ところで、江戸時代中期ごろからうたい出され、全国的に知られるようになった民謡に三重県津地方にかかわりのある「桑名の殿さん」がある。

桑名の　殿さん　ヤーレン　ヤットコャ　ヨーイヤナ
桑名の殿さん　時雨で茶々漬　ヨーイートナ　アーレワ
（アリャリャンリャン）
ヨーイトーコ　ヨーイトーコナー

実に「松前殿さん」とそっくりの構成である。

つまり、地名と特産物を取り替えて、自在に歌を転用していた、かつての民衆のたくましさが垣間見られるようでおもしろい。

なお、「松前殿さん」の後に続けて紹介している「千代に八千代に…」や「笑い笑い入れるは…」の詞章にしても、一見して分かるように、共に縁起のよい詞章で、神社の作業にふさわしい内容を持っている。ここには氏神様から幸せを授かろうとする心組みが、込められているのである。

田植え歌

41 恵比寿大黒（仁多郡奥出雲町）

伝承者　仁多郡奥出雲町上阿井　山田福一さん・昭和三十九年当時五十五歳

恵比寿大黒　出雲の国の西と東の守り神
アー　ヤレ　守り神　西と東の守り神

田植え歌は、出雲地方や鳥取県西部、それに広島県の備後あたりになると、朝からうたわれる順序が決まっているものと、適宜、自由にうたわれるものとの二種類があるが、仁多郡あたりでは、順序が決まっているのを「さげ歌」と言い、自由なものを「かつま」と称している。ここにあげたのは、後者に属している。

「さげ」は、男性で田植え歌をリードする役割を持っており、この歌では、初めの「恵比寿大黒、出雲の国の、西と東の守り神」までの音節で示せば、七七七五となる部分をうたう。そして、それに続けて、今度は早乙女たちが「アー、ヤレ、守り神、西と東の守り神」とうたう。この部分は「返し」と言われている。

詞章はさすがに出雲地方らしい内容で、恵比寿神は美保関町にある美保神社の祭神、事代主命のこと。大黒神は言うまでもなく出雲大社の祭神、大国主命を指している。いかにもどっしりとした雰囲気を感じさせる詞章ではなかろうか。安来節でもよく聞かれる詞章である。

ところで、一般民衆はなかなかたくましい精神を持っている。真面目極まりないこの詞章のパロディーとして、次のような傑作がある。同じ伝承者からうかがった。

♩=126ぐらい
えびす　ーだい　こ　くー　い　ずも　のー　く　にーの
に　しーー　と　ひ　が　ーし　ー　の　ま　ーー　ーも　ーー　ー
り　が　ーみ　ア　ヤ　ー　レま　も　ー　り　が　ーみ
に　し　ーー　と　ひ　が　ーし　ー　の　ま　ーー　ーも　ーー　ー　り　が　ーみ

恵比寿大黒　棚から落ちて　痛さこらえて　笑い顔
アー　ヤレ　笑い顔　痛さこらえて笑い顔

こうなれば神様もわたしたち人間と異なるところがない。にこやかに笑みをたたえておられる恵比寿、大黒の神様も、何かのはずみで棚から落ち、それでも笑みを絶やさない点を、みごとに茶化しているのである。「アー、ヤレ…」以下が返しであることは、いうまでもない。主な詞章が七七七五の音節であるところから、これらの歌は江戸時代中期以降に流行った近世民謡調であることが分かる。

同じ伝承者からは、次の「かつま」もうたっていただいている。返しの部分を省略して紹介しておこう。

松江大橋　流りょが焼きょが　和多見通いは　船でする

安来節でよく聞かれる詞章であろう。

迷《まよ》て通うちゃ　だらずか阿呆《あほ》か
他に甲斐性《かいしょ》のない奴か

これまた痛切に人々の心を読んでいる。

田植え歌

42 姑は天の雷（鹿足郡吉賀町）

伝承者　鹿足郡吉賀町柿木村椛谷　矢田フユさん・明治二十五年生

姑は　天の雷　小姑殿は稲妻
稲妻　小姑殿は　稲妻
ゴロゴロと　光り鳴るなら
いかなる嫁も　たまるまい

石見西部に属する吉賀町には、古いスタイルの田植え歌が残されていた。古代調といわれる音節数五七七四の、この歌がそうである。

姑は（五）天の雷（七）小姑殿は（七）稲妻（四）（続いて「返し」になる）稲妻　小姑殿は稲妻（以下、後半部分となる）ゴロゴロと（五）光り鳴るなら（七）いかなる嫁も（七）たまるまい（四）

メロデイーもうら寂しい雰囲気を持っているが、詞章の意味を考えると、これはまたすさまじい内容である。つまり、嫁入り婚に見られる嫁と姑の確執をうたっているのである。

田植えをしながら、まるで当てこするように、この歌を口ずさんでいた嫁の気持ちを考えると、何ともいえない感じがする。古代調に属する同じうたい手の歌も嫁と姑の機微をうたっている。

♩=58ぐらい
しゅう と　めーーは　てんのかみなーり　こじゅうと　どの　は　いなづま
いーなづま ーーーー　こじゅうとどーーのーは　ー　いなづま　ゴ ロ ゴロと ひか
るーな　ひかり　なるーならーい　かな　る よめも　たま　るまい

返しの部分を省力して紹介しておこう。

五月《ごんがつ》の　蓑と笠とは　おしゅうの恩とは　思わぬ

「五月」というのは、旧暦の五月、つまり皐月《さつき》であり、田植え月を意味している。五月雨の中、身体をぬらさないための蓑と笠は、姑にもらったものではないと言うのである。実家からもらったものだとでも言いたいのだろうか。嫁のささやかな反発が聞こえてきそうである。

一方、恋愛中の忍んでくる男性を気遣った娘が、飼い犬に吠えないよう言うところをうたった歌もある。うたい手は以下みな同じである。

来い　コグロ　小糠食わしょう　夜来る殿を吠えるな

「コグロ」というのが犬の名前だろう。古代調では、次のようなのどかなものもある。

このマチは　いかい大マチ　今日このマチで　日が暮りょう

「マチ」は田んぼのこと。「いかい」は「大きい」意の石見方言。

日が暮れりゃ戸たてまわして　朝田の殿と寝ていのう

これについては、特に説明する必要もあるまい。いかにものびやかなかつての農村の一風景とでもいうべきだろうか。

43 田植えの上手は（隠岐郡知夫村）

伝承者　隠岐郡知夫村仁夫　中本まきさん・明治三十九年生

田植えの上手《じょんず》は　すざるこそ上手よ
今朝うとうた鳥は　よううたう鳥だの
この田に千石も　できるようにと
呼んだの

夕べの夜ばいどぉは
そそくさぁな夜ばいどぉ
枕こにつまづいて　マラづいたとなぁ

島根県下には田植え歌が豊富に残されている。けれども、同じ田植え歌とはいっても、その形は地域によってかなり違っている。出雲地方や石見地方の中央部や東部では、朝から順番の決まった歌がうたわれていて、熱心な所ではそのような歌の順序を書いた歌本がきちんと残されている。ただ、石見西部ではそういうこともなく、歌は特に順番もなく、単独でうたわれることが多い。

さて、隠岐地方ではどうかといえば、島前地区の海士町とか島後地区の隠岐の島町では、歌そのものの数は多くはないものの、やはり歌の順序が決まっていることが知られている。けれども他では系統的に順序を持った歌の存在は、筆者としてはまだはっきりと知らない。ここに挙げた知夫村の田植え歌であるが、そういうことで順序がはっきりしているという確認はしていない。詞章を眺めてもそう言えるように思われる。

♩.=88ぐらい
たうえのじょうずは　すざるこそじょうずよー
けさうとうたとりはよーうたうとりだのー

田植えの上手は　すざるこそ上手よ

この歌は、隣の島海士町に伝わる次の田植え歌と、どこか関連を感じさせるものがある。

早乙女の上手よ　下がるこそ上手よ

（徳山千代子さん・明治三十七年生）

知夫村では「植え手」としているのを「早乙女」と、更に具体的に示しているだけである。

次の「この田に千石も…」は、豊作の願いを込めた農民の気持ちにあふれているし、最後に挙げた、そっそっかしい夜ばい男を、おもしろおかしくうたった「夕べの夜ばいどぉは…」は、他の地方でも似たような詞章が見られる。例えば距離的には随分離れている益田市美都町では、

ゆんべの夜這どんは　せせくろしい奴とんだ
茶椀箱をひつくりかえして、糂汰味噌《じんだみそ》に手う突いた

牛尾三千夫著作集二『大田植の習俗と田植歌』一九八六年（昭和六十一年）・名著出版　三七六ページ

糝汰味噌とは、ぬか味噌のことであるが、内容はまさに同工異曲なのである。

盆踊り歌

44 こだいじが（雲南市大東町）

伝承者　雲南市大東町大東本町　狩野応一さん・昭和四十三年当時六十五歳

コラナー　ヨーイサー
こだいじが　腰に籠提げて
コーラーサーイー
人も参らず　供よぉず
コラナーエーヨーイ

盆踊り歌としてうかがった。この歌は「古代寺」とか「広大寺」などと当て字で呼ばれ、広くうたわれている。島根県下では大東町の他に近くの加茂町や東出雲町などでも知られている。

それでは本家はどこかといえば、新潟県中魚沼郡十日町市下条《げじょう》村字新保にある新保広大寺に由来する新保広大寺節なる民謡にあるらしい。ところで歌の方では広大寺という寺を示す名称が、人の名前になっている。

この歌については近藤武氏の『隠岐の民謡—その起源を訪ねて—』（昭和五十九年・隠岐民謡協会）に詳しい。

さて、狩野応一さんからうかがった歌について囃し言葉を除いてみると次のようになる。

こだいじが（五）腰に籠提げて（八）人も参らず（七）供よぉず（五）

♩=72ぐらい
コラナヨ　ー イサ　ナ　ーー　こだいじ　が
こしにか　ーー ごーさ　げ　ーて　コ　ラセ　ひ と も ー　ーー
まいら　ず　と　ーも　ー　ーー　よ おーーず　コ ラ ナ　エ ヨ　イ

これは江戸時代中期以降に盛んになった七七七五の近世民謡調に似ている。また、筆者も以前、あちこちで類歌を聞いているが、「こだいじ」の前に「しんぽ」の語のつく場合が多い。それで見れば八音節となり、いよいよ近世民謡調の字余りということになる。近藤氏同書から孫引きを許していただくなら、雲南市加茂町の盆歌として、

しんぼこだいじが　腰に籠さげて
前の小川に　泥鰌とりに（囃し言葉は省略した）

こうあるが、「新保」は半濁音「ぽ」が濁音化しており、またルビはないが泥鰌はうたいやすいように「どじょ」と発音されていると思われる。狩野さんの歌も、ここから来ているものと考えられる。すると、後半部分の、「人も参らず供よぉず」はまた別な次の詞章の歌が本来であろうと思われる。同書の奥出雲町（旧・横田町）の盆歌である。

いとしこだいじが　山に寺建てて
人も参らぬ　戸も立たぬ（囃し言葉は省略した）

狩野さんからうかがった歌はこうして眺めると、二つの歌の前半部分と後半部分が融合してできあがっていることが分かる。

全国的には、新保広大寺は、江戸時代に一世を風靡していたようで、隠岐では「どっさり節」としてうたわれ、大東町などでは盆踊りとして親しまれているのである。

穂落とし歌

45 麦は熟れるし（江津市桜江町）

伝承者　江津市桜江町八戸　稲田ナカノさん・明治二十六年生　山田サキさん・明治二十七年生

麦は熟れたし　やたま衆《しゅ》は帰る
何を頼りに　麦ぅたたく
やたま衆は帰る
何を頼りに　麦ぅたたく

船は見えても　船頭さんが見えぬ
船頭思うての　八帆の蔭
船頭さんが見えぬ
船頭思うての　八帆の蔭

長い間、県下の言語伝承を求めて来たが、「穂落とし歌」として聞いたのは、ここ桜江町だけである。詳しくいえば、八戸地区勝地集落ということになる。昭和四十五年十一月のことであった。これは麦の穂を落とす作業でうたわれるものという。このときには併せて麦を叩く「横槌歌」もうかがっている。

うたってくださったお二人は、明治二十年代のお生まれの方々だったから、この世代の方にしか分からない歌だったのであろうか。ただ、このお二人はこのとき合唱で、実にスムーズにうたってくださった。各地を歩いて古老にうたってくださるようお願いしても、一人は知っていても、横の別な方は知らなくて、とても合唱などは不可能であるという場面によく出会ったが、この場合はそうではなかったのである。つまり、このことはお二人が平素この歌をうたいながら、麦の穂を落とす作業や、麦を槌で叩く仕事をなさっていたことを示しているわけで、それだけに貴重な歌だと思われる。

♩=72ぐらい
むぎは　うーれーたしーー　ー　やたましゅはーーかーえる　ー　なに
をーーたー　ーよー　りにーーむぎぅ　たたーくー　やたましゅはーかえる
ー　なに　をーーたー　ーよー　りにーーむぎぅ　たたーくー

さて、最初の歌の詞章であるが、「麦ぅたたく」は、「麦をたたく」の転化したもの。ここから眺めて横槌歌の内容としてもよいのであるが、お二人はあくまでも「穂落とし歌」としてうたわれ、メロディーも後者とは違っていた。また「やたま衆」はよく分からない。後になって気づいて方言辞典を開いてみたが、出ていない。手伝いの男衆をいったものではないかと推測するばかりである。

また、くり返してうたわれる後半の「やたま衆は帰る…」以下は返しに相当するもので、場合によっては省略されることもあるのではないかと思われる。

この歌の基本形は七七七五の音節を持ち、近世民謡調の字余りである。「やたま衆は帰る」が八音節になっているからである。

後の歌も同様に二度目の「船頭さんが見えぬ…」以下が返しであることはいうまでもない。ただ、詞章の内容は、特に麦の穂落とし作業だけに関わりを持っているものではなく、民謡として他の作業にも共通して使うことができる歌である。

横槌歌については、別に述べたい。

横槌歌

46 やんさやんさで（江津市桜江町）

伝承者　江津市桜江町勝地　稲田ナカノさん・明治二十六年生　山田サキさん・明治二十七年生

やんさーナーやんさでナー
沖ょ漕ぐ船がヨー
女郎がナーァー　招けばナー　ヤンサ
磯に寄るヨー
（稲田ナカノさん）

磯にどま寄んなヨー　女郎《じょろ》はなぁ化け物ナ
ヤンサ　色狐ヨー
（山田サキさん）

あさりナーながらやのナー
小庭の蘇鉄ヨー　やらよナー外からナ
ヤンサミサばかりヨー
小庭の蘇鉄ヨー　やらよナー外からナ
ヤンサミサばかりヨー
（山田サキさん）

前回に引き続き桜江町八戸地区の勝地集落でうかがったもので、前回の麦の穂落とし歌とは違い、麦を槌でたたく作業のおりにうたわれる労作歌である。筆者が言語伝承を集め始めて四十年以上経つが、他ではまだ聞いたことのない珍しいものである。

ところで、この歌の詞章を見ると、特に麦を槌でたたくのに直接関連する内容ではなく、船頭歌とでも称すればよいような文言が並んでいる。作業をするのに何もそれを特定するような内容ではなくとも、歌で調子を取って行えばそれでよいというわけであろうか。

さて、穂落とし歌に比べるとこの横槌歌は、囃し言葉が多い。その部分を除いてみると、次のようになる。最初の歌だけ挙げておく。

𝅗𝅥=59ぐらい
やんさナーやーんさでーーナ おきょ
こーーーーーぐふねがヨ
じょろうがナーアまねけばーーナヤンサ
いーーーそーーによるヨ

やんさやんさで（七）沖ょ漕ぐ船が（七）女郎が招けば（七）
磯に寄る（五）

これまでにも述べてきたように、これは江戸時代に流行りだした、近世民謡調と称している七七七五調スタイルである。「沖ょ」は「おきょ」と発音し、「きょ」は拗音なので一音節であり、そこで「沖ょ漕ぐ船は」は七音節になる。

次の歌は、前の歌の内容を受けた形になっており、前の歌を前半と考えれば、後半部分に該当する。自然発生的にうたわれ、作者は特定できないものの、このように自然発生的な民謡には、きちんと二つの歌で呼応が認められる場合もあり、民衆の巧まざる技法がうかがえるのである。

なお、せっかく採集させていただいたので、もう一つの歌「あさりナー…」も挙げておいたが、残念なことには、この方は意味がはっきりしない。録音性能がよくなく、詞章の聞き取りが正確さを欠くのか、それとも伝承の過程で、元の詞章が転化してしまっているのかも知れない。

盆踊り口説き

47 ここのかかさん（隠岐郡隠岐の島町）

伝承者　隠岐郡隠岐の島町布施　灘部修作さん・昭和二十三年生

ここのかかさま　いつ来てみても
朝は早起き　朝髪上げて
紺の前掛け茜《あかね》のタスキ
掛けて浜へと　塩汲み行きゃる
沖の船頭さんが　はらこら招く
招く船頭さんに　さらし三尺もろた
帯に短しタスキにゃ長し
何にしょうかと　紺屋に問えば
そこで紺屋の　申するのには
一に橘　二にカキツバタ　三で下がり藤
四で獅子牡丹
五つ井山の千本桜　六つ紫　色よに染めて
　七つ南天　八つ山桜
九つ小梅《こんめ》を　ちらりと染めて
十で殿ごさんの　好いたように染める

盆踊り口説きなので、途中のところどころに、「オッ」とか「オイ」、あるいは「ア、ドッコイ、ドッコイ」「ハーヨーイトシェー」「サー、ヨーホイ、ヨーホイ、ヨーイヤシェー」などの囃し言葉が入るが、それを入れると、あまりにも長くなりすぎるので省略して、詞章だけを記しておいた。

♩=88ぐらい
こ こ ー ーー かかさま いつーきてーー み てーーも
あ さ はー はや ーおき あさーがみー あげーて

ところで、この歌の内容はなかなか艶っぽいものを含んでいる。かかさんに秋波を送る船頭との取り合わせの物語とでもいうのであろうか。

それはそれとして、この歌は隠岐地方では、島前、島後両地方とも、同類が子どもの世界の「手まり歌」としてうたわれている。つまり、大人の世界の民謡と、子どもの世界のわらべ歌の交流が見られる貴重な歌なのである。同町油井の藤野コヨさん（明治三十八年生）からうかがった歌を紹介しておく。

ここのかかさん　いつ来てみても　紺の前掛け　茜《あかね》のタスキ
掛けて港へ塩汲み下《さ》がる　沖の船頭さん　こらこら招く
招く船頭さんに　木綿糸もろて　何に染みょかと　紺屋に問えば
一に橘　二にカキツバタ　三に下がり藤　四に獅子牡丹
五つ井山の千本桜　六つ紫いろいろ染めて　七つ南天　八つ山桜
九つ小梅を　いろいろ染めて　十で殿ごさんの　好いたように染めた

確かに手まり歌としてもあちこちでうたわれていたようである。しかし、詞章の内容からして、どちらかといえば、これは本来が大人の世界の歌であるといえよう。けれども、子どもたちは、そのようなことにはおかまいなく、自分たちに気に入った歌があれば、巧みに子どもの世界に取り入れて、自分たちのものとして消化しきってしまうのである。

地搗き歌

48 鶴が舞います（松江市八束町）

伝承者　松江市八束町波入　渡部清市さん・明治二十年生

鶴が舞いますヨ　この家《や》の空で
この家繁盛とナ　舞い降りる　オモシロヤ
アー　ヨイショ　ヨイショ　ヨイショ
ヨイショ

寺の御門にナ　蜂が巣をかけて　ア
和尚が出ら刺すヨ　もどら刺す
オモシロヤ　アー　ヨイショ　ヨイショ
ヨイショ　ヨイショ

家を建てる際、地面を搗き固めるが、その作業のおりの歌を地搗き歌と呼んでいた。

ここで見られる詞章は特別なものではなく、一般的に知られている七七七五調、つまり近世民謡調である。そしてその後に囃し詞がついている。直後に出ている「オモシロヤ」だけ見れば、島根半島の漁村部で大漁のときにうたわれている大漁歌の後に、これと同じ「オモシロヤ」は用いられているから、この歌との交流関係が感じられる。以前紹介している島根町の歌がそれであるが、念のために再掲してみよう。

鴨が来た来た　三津島の灘へ

♩=69ぐらい
つるがま　いーま　ー　す　ヨ　この　やの　そ　らーで　こ　ーのやは　ーん
じょう　と　ナ　ま　い　ーお　り　る　オモシロヤ　ア　ヨイショヨイショヨイショヨイショ

鴨がイワシを　連れてきた　オモシロヤ

ところで、この地搗き歌では、その後に大漁歌には存在していない別な囃し詞がついている。すなわち「アー　ヨイショ　ヨイショ　ヨイショ　ヨイショ」の部分である。これは確かに地面を搗き固めるのにふさわしい詞章であろう。具体的に作業の状況を示すと以下のようになる。

　高さ三メートルのやぐらが組まれ、作業姿の人々約三十名くらいが、これらの地搗き歌に合わせて威勢よく縄を引くと、松の木で作った長さ四メートルの胴つき棒が上下に動きながら地響きを立て、土台となる石の下に小石を打ち込み地搗きが行われる。しかし、現代ではもうそのような姿は、見ることが出来なくなってしまった。

　ところで、地搗き歌の詞章であるが、なにしろこの後、何十年もにわたって住むかも知れない家を新築するための地搗きであるから、縁起の良い内容であった。島根町の詞章で紹介しておこう。

うれしめでたの　若松様は　枝も栄えて　葉も茂る
うちの親方　元から良いが　今は若世で　なおよかれ
うちのお背戸に　茗荷《みょうが》と蕗と
茗荷めでたや　蕗繁盛

（小川　要さん・昭和三十八年当時四十三歳）

木綿引き歌

49 これの嫁じょは（浜田市三隅町）

伝承者　浜田市三隅町吉浦　下岡モトさん・昭和三十五年当時七十三歳

これの嫁じょは　いつきてみても
タスキ脱げおく　暇もない
タスキ脱げおく　暇ないほどに
髪を結えとの　暇が出た
嫁になるなら　兄嫁さまに
弟嫁とは　座が下がる
弟嫁とは　座は下がれども
かわいがられて　ヤーアー　分身《ぶしん》
お梅機織れ　針でを習え
木こり草刈りゃ　いつもなる
木綿よいかの　肩のツギは知らの
殿ご何しょか木をころか

筆者が収録している木綿引き歌は、石見地方のものでも、これだけが全てである。もちろん、以前はあちこちで同類は存在していたのであろうが、収録を怠っているうちに、いつの間にか消滅してしまったものと思われる。出雲地方の

♩=80ぐらい
これーの　よ めじょーーは　い つ き て み　ーてーーー
も　タスキ ぬ　げ　ーおくひーま　ー も　な ーーい

ものとして八束町で聞いたことはあったが、伝承者が高齢化のためか、残念ながらもう節をつけてうたってはもらえなかった。

さて、今回の歌の詞章であるが、お馴染みの七七七五調であり、江戸時代中期以降に全盛を誇ったスタイルというわけなのである。

これらの内容を見ると、まずは嫁の境遇の厳しさがうたわれている。仕事が次々とあって、タスキを脱いで休む暇もないほど、こき使われているかつての嫁の姿が述べられている。それについて大変だと同情していると、どういう風の吹き回しであろうか、いきなり「髪を結えとの暇が出た」ということになる。

続いてわが国の家族制度にかかわる問題点が浮き彫りにされる。長子相続制度であるから、やはり嫁になるなら長男のそれがよく、弟の嫁は座が下がり身分が下であるとまずはうたう。しかし、そこから先は意外にも本音がうたわれている。つまり、「弟嫁とは座は下がれども、かわいがられて、ヤーアー　分身」というのであるから、結局は次男以下の嫁は、長男の嫁に比べれば、苦労はあまりない上に、大切にされて、やがては分家をさせてもらえるチャンスもある、というのであろう。

まさに人生をうがった見方である。しかし、実際は、分家させてもらえるだけの資産を持った家というのは、そう多くはなかったはずであるから、この歌も農民のはかない願望をうたったものだとも考えられる。

後の歌の二つはともに、会話を中心とした、気楽な次男以下の嫁の姿を描写したものであろう。

このような内容の歌を眺めていると、何となくほっとするのはわたしだけなのであろうか。

盆踊り歌

50 なしぇまま（隠岐郡西ノ島町）

伝承者　隠岐郡西ノ島町赤之江　大西トラさん・明治三十五年生

なしぇまま　なしぇままならぬ
ままになる身を　ヤレヨー
持たせたや
※なしぇままならぬ
ままになる身を　ヤレヨー
持たせたや

寺の玄関先　蜂が巣をかけて
和尚が
出りゃ刺す　ヤレヨー
もどりゃ刺す
※蜂が巣をかけて
和尚が　出りゃ刺す　ヤレヨー
もどりゃ刺す

赤之江《しゃくのえ》よいとこ　朝日を真受《お》け
お山嵐がヤレヨー　そよそよと
※朝日を真受《お》け（※からは、返しである）
お山嵐がヤレヨー　そよそよと

これは「なしぇまま」と称しているが、盆踊り歌の一つである。命名の由来は、出だしの「なしぇまま、なしぇままならぬ」の詞章にあると考えられる。島前地方にはこの「なしぇまま」の盆踊り歌は、比較的知られているようで、西ノ島町のみではなく、海士町でもあちこちで聞かされた。知夫村ではまだうたわれていることを知らないが、おそらく他の二島同様に存在しているものと思われる。

♩=58ぐらい
なしぇ　ま　ま　な　らー　ぬ　まま　ー　ーに　ーな　る
み　を　ヤ　レヨ　ー　も　た　せ　た　や

ところで、詞章の意味であるが、いったいどういうことだろうか。「なしぇ」は「なぜ」、つまり「どうして」のことであるのは分かるが、次の「まま」は、ひょっとして「ご飯」を意味する「まま」ではなかろうか、そうすると「なしぇままならぬ」は「どうしてご飯が食べられないほど貧乏なのだろうか」と解釈できる。はたしてそれでよいのだろうか。そうも考えてみたものの、はっきりしないので海士町の郷土史家である濱谷包房氏にうかがってみると、「ままならぬ」は、「儘ならぬ」であり、「思うようにいかない」の意味だろうと答えられた。

そうしてみるとこの歌は、恋しく思う人がいるのに、なかなか世間の風当たりは厳しく、先行き不透明である。その若者を知っている年配の者が「うまく行くような身にしてあげたい」と同情するところが「ままになる身を持たせたや」なのである。途中の「ヤレヨー」は囃し言葉、二度目の「なしぇままならぬ」からは、返しの部分になる。

次の「寺の玄関先…」や「赤之江よいとこ…」は、各地でよくうたわれている詞章である。「寺の玄関先」は「寺の御門に」の詞章でうたわれることが多く、「赤之江よいとこ」は、それぞれ地名をその土地の名称に替えてうたわれているものである。ただ「お山嵐がそよそよと」は転化したもので、一般的に「お山おろしがそよそよと」とうたわれている。

盆踊り歌

51 去年盆まで（松江市美保関町）

伝承者　松江市美保関町万原　梅木一郎さん・昭和八年生

去年盆まで　アー　踊らとしたに
今年ャラン灯《とう》に　　アラ
灯《ひ》をともす

盆がナーアー来たらこそ
ハー踊らと跳《は》にょと
浅黄ナーアー帷子《かたびら》アラ　はげるまで

踊りナーアー　踊らさい　アラ今宵が限り
明日のナーアー　晩からアラ踊られぬ

この盆踊り歌をうかがったのは、四十年あまり昔、昭和四十五年七月二十三日のことだった。「アー」とか「アラ」などの囃し詞を省いて音節数を見れば、

去年盆まで（七）踊らとしたに（七）今年ャラン灯《とう》に（七）灯《ひ》をともす（五）

このように基本形を七七七五とする近世民謡調となる。

歌の内容は、それぞれに盆踊りにまつわる哀感がこめられている。

初めのは、昨年は一緒に楽しく盆踊りに興じていた親しい人だったが、人生は無常であり、今年はその人は鬼籍《きせき》に入ってしまっていると嘆いているのである。それで思い出すのが、昭和三十五年七月十六日の夜、浜田市三隅町東大谷でうかがった次の歌であった。

♩=56ぐらい
きょね ん ー ーーーー ー ーーー ほ ん ま ーでー
ア おどら ーと し ーた に ー （アズ イズ イズイ ッノ）
こ と しゃー ー ーー ー ーー ラ ンとうー ーに
アラひーが ーー と も る （ア ズ イズ・イズィ ッノ）

ハアー　盆はナアー　ヨイサ　盆はうれしや
別れた人も　アラセー　ヨホホイー
晴れてこの世へ　逢いに来る（串崎法市さん・当時五〇歳代後半）

初めの歌とまるで呼応しているような詞章である。

松江市美保関町の次の歌は生きている者たちが、懸命に盆踊りを楽しむことによって、先祖の御霊《みたま》を満足させ、同時に自分たちも楽しもうとする姿をうたっているのであろう。

そして最後の歌であるが、これもまた同様に踊ることが出来るのも、盆の終わりに当たる今宵限りだから、精一杯踊ることを楽しもうとしている。

このようにご先祖の来臨を歓迎する盆踊り歌ではあるけれど、その実、踊りの輪に入り、踊り手の一人になっている自分自身もまた、その踊りを心から楽しんでおり、盆のひとときを懸命に満喫していることを、これらの盆踊り歌はそれとなく証明しているのである。

田植え歌

52 さまと別れて（鹿足郡吉賀町）

伝承者　鹿足郡吉賀町柿木村下須　川本一三さん・明治四十四年生

さまと別れて　松原行けば
松の露やら　涙やら
松の露でも　涙でもないが
思い合わせの　霧が降る
合わせの　思い
思い合わせの　霧が降る

昭和三十九年に川本さんのお宅で聞かせていただいた田植え歌の一つがこれであった。「合わせの、思い」以下は返しと称する繰り返しの部分であり、ここは都合によってうたったり省略されたりと、実際の場面では自在に扱われている。また、もともと田植え歌は決められた順番でうたわれるものと、いつうたってもよい自由な歌と二通りの種類が認められるが、この歌はいつうたってもよい部類に属している。

それはともかく、田植えという作業をしながらうたわれていた歌の中に、このように優れた叙情性を秘めた詞章も存在していた。

哀愁をたたえ、しかもどことなく品のある美しさに満ちあふれた歌であることか。内容を眺めてみれば次のように解釈されそうである。

主人公は乙女である。千秋の思いで恋人を訪ね、人目をはばかって、やっと逢瀬を過ごしたのも束の間、もう別れる時間が来てしまった。つもる話をあれこれとしあったものの、周りの人々は、この二人を心からは祝福してくれないのか、互いに何かと気にかかる話題は多い。心を後に残して恋人と別れ、松並木を家路にと急ぐ乙女の胸には、恋のたとえようもない切なさと不安感が、次々とわき上がってくる…。そしてふと気がついてみると、いつの間にかあたり一面に深い霧が立ちこめつつあるではないか。泣きたいような乙女の気持ちを、まるで象徴しているかのように、静かにゆっくりと霧は降りてくるのであった。

♩=72ぐらい
さ ま と ーわ か れ ー ー ー て ま つ ば ー ら ゆ け ー ば ま つ の
つ ゆ や ー ー ー ら な み ー だ ー や ら
ま つ の ーつ ゆ で ー ー ー も な み だ で も ー な い ー が お も い
あ わ せ ー ー ー の き り が ー ふ る

　こうわたしは解釈したが、いかがであろうか。

「涙でもないが」のところが八音節となり字余りではあるが、基本形を七七七五とする近世民謡調であるこの歌は、わたしの好む歌の一つである。ただ、ここでは田植え歌として紹介したが、同じ詞章でも他の地区で、臼挽き歌として聞かされたこともある。

　このように七七七五調の歌は、いろいろな作業歌として、自在にうたわれていた。

　それにしてもだれが作り出したのかも分からない伝承歌ではあるが、しみじみとした気分にさせられる内容ではある。おそらくこの歌は既に江戸時代には存在していたと思われる。

　今回はそのような歌の中で、特にラブソングとしても気品あふれる歌として、この歌を選んでみた。

お駒節

53 お駒がわが家を（隠岐郡海士町）

伝承者　隠岐郡海士町保々見　松下アヤさん・明治四十一年生

お駒がわが家を発つときにゃ
チリトテチン
二人の子供を　ちょいと抱き上げて
これがこの世の暇乞い
成人《しぇいじん》せよとな　なあ　よしよし

橋の欄干に　腰うちかけて
月星眺めて　殿さんを待ちる
向こうに見えるは　与作さん
お駒じゃないかと　なあ　よしよし

隠岐地方にはなぜかこの「お駒節」なる歌が多い。これは島前地方では労作歌ではなく、酒席のおりなどにうたわれる座敷歌である。わたしは昭和四十八年から五年間、当地で暮らしていたが、古老を訪ねて民謡をお願いすると、決まったようにこの歌を聞かされたものである。

内容的には有名な何かの物語を題材にしているようだが、具体的に何という物語なのか分からない。おそらく江戸時代あたりに流行ったものではないかと思われるが、不明なのがいかにも残念である。どなたかご承知の方はお教えいただきたい。

♩=50ぐらい
おこまが　ーわがーやを　たつーと　きーにゃ　チリトテ
チン　ふた　りのーこどーも　をちょいとだき
あげーて　これーが　このーよの　いとーま　ごい
しぇいじん　せよとななあよー　しーよーし

ところで、この歌であるが、島後地区の隠岐の島町中村では、同類が次のようになっていた。

橋の欄干に　腰うちかけて
月星眺めて　殿御を待ちる
あれに見えるは　与作さん
お駒じゃないかと　まあ　よしよし

お駒　わが家を発つときにゃ
二人のわが子を　ふと差し上げて　これがこの世の暇乞い
成人せよと　まあ　よしよし
（石井光伸さん・昭和六年生）

伝承歌であるから、多少の語句の違いはあるものの、ほとんど同じである。そしてここ中村地区ではこの歌は座敷歌としてではなく、山仕事の歌として聞かせていただいたものである。

このように島前地区や島後地区を通して隠岐地方で好まれている民謡の中には、本土ではあまり聞かれない歌が、いろいろと存在している。例えば島前地区では「おけさ」「隠岐追分」「シュウガイナ」「じょんがら節」「船おろし」など。一方の島後地区では「松前殿さん」「ハイヤ節」「磯節」「イッチャ節」「神楽歌」などまだまだある。

こうした多彩な種類の民謡が存在しているのは、船によって各地の民謡が持ち込まれた事情があるからで、離島ゆえの特色といえそうである。

田植え歌

54　横田では（仁多郡奥出雲町）

伝承者　仁多郡奥出雲町佐白　宇田川光好さん・昭和二十一年生　宇田川一子さん・大正六年生

横田ではヤーァ　船通《せんつう》お山の
栂《とが》の木は　ヤーンハーレー
栂の木は　ヤーンハレー
栂の木は　ヤーンハレー
三がの国に　蔭をなす

田植え歌は出雲地方や石見地方の東中部あたりでは、うたわれる順番が決められている「さげ歌」も多いが、歌によってはいつうたってもよい「かつま」と称する歌もある。ここに挙げた「横田では」の歌は、後者であり、当地では広く親しまれていた。

もっとも現在では田植え歌などをうたいながら田植えをする風習も、儀式的に行ったり、古式を踏まえて昔の田植え風俗を再現するような、特殊な場合を除いて消えてしまっている。機械を使って行う田植えには、このような田植え歌などはなじまないからである。

ところで、この歌にある船通山について述べておく。仁多郡奥出雲町の横田地区に属し、標高一一四二・五メートル。斐伊川の源となっている。昔は古事記神話「八岐大蛇《やまたのおろち》」で知られ

♩=138ぐらい
よ　こたではヤ　ーア　せ　んつう　お　やまの
と　がのきは　ヤ　ンハーーレ　と　がのきはヤ　ンハレ
と　がのきはヤ　ンハレ　と　がのきはヤ　ンハレ
さ　んがの　く　ーにに　か　げをな　す

た舞台になったところである。そのため、神話で八岐大蛇の尾から出現したとされる天叢雲剣《あめのむらくものつるぎ》出剣の地という記念碑も存在している。

この山は明治以前の行政区画で、出雲国（島根県）、伯耆国（鳥取県）、備後国（広島県）と三か国に接していたため「三がの国に蔭をなす」とうたわれているのである。

また「蔭をなす」のは「栂の木」となっているが、この木は「ツガ」とも呼ばれている。『大辞林』（三省堂）で見てみると以下のように出ている。すなわち、

マツ科の常緑高木。山地に自生。幹は直立し、三十メートルに達する。葉は線形で枝に二列に密生する。雌雄同株。雌花・雄花とも枝端に単生。球果は小さい長卵形。材は建材・器具材・パルプに、樹皮からはタンニンをとる。近縁種にコメツガ・カナダツガなど。トガ。栂の木。

つまり、この栂の木は船通山にたくさん自生しているので、なじみの植物というわけである。

そしてこの田植え歌は、ここ船通山にある栂の木はとても見事なもので、旧三か国にわたたって蔭をさしかけているというすばらしさを、誇らかにうたいあげている。伝承歌であるだけに、それを誇る人々の素朴な気持ちが快く響く。

筆者は昭和四十二年から六年間、当時の横田町立鳥上《とりかみ》中学校に勤めていたので、ここでも多くの古老からこの田植え歌は、よく聞かされており、懐かしい歌の一つなのである。

田植え歌

55 舅渋柿（大田市三瓶町）

伝承者　大田市三瓶町池田　宮脇サトさん・昭和三十六年当時六十八歳

舅渋柿　小姑はキネリ
嫁は西条の　合わし柿
かわいがらされ　わが子の嫁を
あなた一人が　頼りじゃよ

これは石見地方の田植え歌であり、いつうたってもよいものである。七七七五調のいわゆる近世民謡調の歌であり、江戸時代中期以降に全盛を誇った形を持っている。もちろん現在もこの形は、都々逸をはじめ、安来節や関の五本松などの多くの民謡で残されている。

ところで最初の詞章は姑と嫁の様子をうたっている。ついひと頃前までは、嫁いできたばかりの若嫁にとって、いわゆるそこの家風に合わせるものとして、若嫁をしつけようとする舅や姑は、なかなか厳しく手強かった。

「舅渋柿」とは、常に嫁に対して笑顔を向けず、厳しく接してくる男親、つまり舅の姿をいっている。柿にたとえれば、渋柿そのものといったところで、いつも渋面をして嫁に対するが、一方、女親である姑もまた同様なのである。

次いで「小姑はキネリ」の「キネリ」の意味

♩=60ぐらい
しゅう　と　しーぶ　が　き　こーーじゅと　は　キ　ネ　リ
よ　ーめ　は　さ　いじょう　の　あ　ー　わ　ー　ー　せ　が　き
かわいがらされ　わ　がこ　のー　よ　めーを
あ　な　た　ひ　と　り　が　た　ーよ　ーー　りーじゃ　よ

であるが、これは樹の上で甘くなる小さな柿のことをいう。小姑、つまり夫の姉妹の方は、舅や姑よりは多少は甘いというのである。しかしながら、「嫁は西条の合わし柿」というのであるから、嫁は何でも「はい、おっしゃる通りです」と婚家の人々の言葉に対して、口答えなどはせず、いつでも肯定していなければ、心の安泰は保障されないというのであろうか。

西条とは、広島県西条町（現・東広島市）が合わせ柿の名産地であるところから来ている。

そうして眺めてみると、この歌は渋柿、キネリ柿、そして合わせ柿と三種類の柿を並べて、その特徴を読み込んで、嫁と舅、姑の関係の厳しさをうたっている。かつての庶民のやや暗いユーモアを感じるような詞章である。

これに対して二番目の詞章は、「舅渋柿…」という最初の詞章とは対照的に、嫁の立場を擁護した内容になっている。

かわいがらされ　わが子の嫁を
あなた一人が　頼りじゃよ

ここでいう「あなた一人が頼りじゃよ」の「あなた」は、姑のことを指しているのであろうか。このように二つの歌をワンセットとして考えれば、厳しい舅に対し、姑の方は多少は嫁に理解があるというのだろうか。

姑は、かつて嫁入りした自分の境遇を振り返って、わが子の嫁である若妻をいたわる気持ちを持ちなさいと、第三者が忠告しているようである。

お染・盆踊り歌
56 京や大坂の（隠岐郡隠岐の島町）

伝承者　隠岐郡隠岐の島町山田　金山タルさん・明治二十八年生

京や大坂のお染こそ
　ア　ヤーアトナー　ヤーアートナー
踊り踊らば　二十四五までも
ドッコイショ
三十過ぎれば子が踊る
　ア　ヤーアトナー　ヤーアートナー

　これは盆踊り歌の一種で「お染」とか「お染踊り」と呼ばれている。それは歌の冒頭に「京や大坂のお染こそ」の詞章がついているところから来たものだと思われる。この歌は隠岐島後地方でうたわれているようだ。
　ところで、出だしを除き次の詞章からは、どこにでもうたわれているものと同じ内容である。ここで「ドッコイショ」などの囃し詞を省いて見ると、
踊り踊らば（七）二十四五までも（八）（七の字余りである）三十過ぎれば（七）子が踊る（五）
　このようになり、いわゆる近世民謡調のスタイルであることが分かる。
　山田地区は旧五箇村であるが、近くの旧西郷

町中村地区では、少し出だしが違って次のようになっていた。

お染こそよけれ　コレワイショ
京や大坂のお染こそ
ヤーレ　ヤーハートナー　ヤーハートナー

あるいは最初の歌も同様に「お染こそよかれ　コレワイショ」の部分が本来はあったものかも知れないが、今となっては確認するすべがない。

わたしは昭和六十年八月、現地でこの種類の歌を録音させていただいたが、中村地区の方は「お染」の他の詞章もいろいろとあった。囃し詞を省略して少し挙げておく。

ことしゃ豊年どし　穂に穂が咲いて
藁が五尺に　穂が二尺
親と兄弟　鏡と妻は　見ても見飽かぬ　末飽きぬ
月の丸さと　恋路の道は　江戸も田舎も　変わりゃせぬ
前の石橋の　しわるほど待ちた
家がもめるやら　出てごさぬ
遠く離れて　逢いたいときは　月が鏡に　なればよい

このようにいろいろな詞章が、自在に当てはめられ、楽しく盆踊りが続けられるのである。なお、これらの詞章は、盆踊り特有のものとは限らず、他の労作歌などでもうたわれるものであることは、いうまでもないのである。

盆踊り甚句

57 踊り見に来て（松江市本庄町）

伝承者　松江市本庄町　安達敬蔵さん・昭和三十六年当時七十四歳

踊りナーアー　見に来て　踊らぬ人は
いんで　ナーアー　みなされ
ホンニ　明日のため

今から四十年も前に聞かせていただいた歌である。普通は盆踊り歌といわれているが、うたってくださった安達さんは、明瞭に「盆踊り甚句」と表現されていた。

この甚句について『大辞泉』（小学館）を引いてみると次のように記されている。「民謡の一。多く七・七・七・五の四句形式で、節は地方によって異なる。江戸末期から流行。越後甚句・米山《よねやま》甚句・名古屋甚句・博多甚句・相撲甚句など。「地《じ》の句」「神供《じんく》」の意からとも、また、越後国の甚九という人名からともいうが未詳。」とある。あまり固く考えずに述べるならば、盆踊り歌の一種くらいにしておけばよいのではなかろうか。

それはそれとして、この詞章の意味を見ておこう。これは盆踊りを見に来ておりながら、見るだけでまったく踊ろうとしない輩《やから》は、明日の仕事の障害になるだけだから、早く帰って静養した方が身のためですよ、と言っているのである。そして実際は、そのような人を人生の快楽を解しない朴念仁だと、裏面から冷やかしているのである。

同じ気持ちをうたった詞章は各地の歌にも見られるが、その例を飯石郡飯南町で見てみよう。平成元年七月、志津見下公民館で盆踊り実行委員会が行われたおり、関係者が盆踊りの詞章を思い出し書いたものから引用しておく。

♩=69ぐらい
3
おどりナ　ーーー　ア　みにーき　ーてー　おど　ら　ーぬ　ひ　ーとーは
いんでナ　ーーーー　ア　みな　さ　れー　ホンニ　あ　ーす　の　たーめ

踊り見に来て　踊らぬ者は
山のカクイゴ（枯木の根っこのこと）**か　泥でこか**

「泥でこ」というのは、泥でこしらえた人形のことをいっている。昔は泥天神雛といって泥で焼いて作られた人形があり、出雲地方などでは、男の子の誕生などで贈られたりしていた。しかし、人形であるから動いたりはしないので、そこを捉えてからかっているのである。また次のような詞章もある。

踊る阿呆に　見ている阿呆
同じ阿呆なら　踊らしゃんせ

こうして眺める来ると、徳島県の有名な盆踊りである「阿波《あわ》踊り」の次の詞章がどうしても思い浮かんでくる。

踊る阿呆《あほう》に　見る阿呆
同じ阿呆なら　踊らにゃ損じゃ（「踊らにゃ損々」とも）

地方は違っても人々の感情は変わらないのである。

田植え歌

58 良い良いと（鹿足郡吉賀町）

伝承者　鹿足郡吉賀町柿木村椛谷　大田サダさん・
明治三十年生

良い良いと　吹けど囃せど
わが親ほどにゃござらぬ

親里に行くと語ろう
殿御の親の次第を

親里に行くと語るな
みな　姑《しゅうとめ》の習いよ

習い習いと　お言やる殿の　邪険《じゃけん》な

親里に行くは　街道
帰りの道は　関山《せきやま》

関山におしや赴く　帰しゃる親の心よ

　何とも切ない田植え歌であることか。「田丸節」と称するこの歌を聞いたのは、昭和三十八年九月七日だった。

良い良いと（五）吹けと噺せど（七）わが親ほどにゃ（七）ござらぬ（四）

♩=96ぐらい
よ　いよ　いーと　ふけ　どーは　やーせ　ど
わ　がおやー　ほー　どーにゃー　ご　ざ　らぬー

歌の音節数はこうなるが、この五七七四の詩型は、いわゆる古代調とされている。したがってかなり古いタイプのスタイルを持った歌であることが分かる。ただ、内容的には嫁入り婚の姿を示しているので、詞章は江戸時代くらいに成立していると推定したい。

内容は説明する必要もないくらい明白である。全体を通して解釈しておこう。

あの家の姑はとても良い人だと、仲人から聞かされて来たものの、聞くと実際とでは大違い、決して自分の親のようには親切ではありません。

実家へ帰ったら、そのときこそ、平素、姑にいじめられても我慢してきたことを、こと細かに話しましょう。

そんなバカなことを実家で話しなさんな。世間の姑は、みなそんなものだ。うちの母が特別ひどいとおまえは思いこんでいるだけなのだから。

それが世間の常だ常だと諦めさせ、実家に帰っても話すなとおっしゃるあなたの気持ちは、なんとまあ冷たく意地が悪いのでしょう。

実家への道は、心も飛び立つように弾み、道もなだらかですが、再び婚家へ帰る場合は、同じ道でも関所のある険道難路を行くようで、足がなかなか前に進みません。

関所のある険道難路を行くように、婚家へ帰るのを嫌がっている娘も可哀想だが、それを勇気づけ、むりに帰させる実の親の心の中は、いったいどんなであることか。なかなか意味深長な田植え歌である。

59 親を大切（隠岐郡西ノ島町）

さかた

伝承者　隠岐郡西ノ島町赤之江　大西トラさん・明治三十五年生

親をナー　大切　ヤッソコナイ
黄金《こがね》の箱に
入れてサーサイリョガ　入れて　ヤー
持ちたい　いつまでも　トシェー

親のナー言うこととナー　なすびの花は
千に　サーサイリョガ
千にヤー　一つも仇がない　トシェー

変わった囃しのついた歌である。「さかた」と言われているこの歌は、盆踊り歌の一種であるが、現代でもうたわれているのだろうか。

また、どうして「さかた」と言われているのかといえば、同類の中に歌の出だしが「坂田三之丞…」となっているものがあるところから来ているのかも知れない。ただ坂田…の詞章は、その後がどう展開するのかはっきりしないので、ここに紹介することが出来ないのが残念である。

ところで、似た歌として「酒田おばこ」がある。これは山形県酒田港を中心にしたおばこ節であるが、西ノ島町の歌とは関係はないようである。同様に「酒田追分」もまた酒田港近辺でうたわれているが、これも無関係のようである。

わたしとしてはこの種類の歌の詞章は、坂田…で」始まるものを含めて三種類しか収録しておらず、しかもその全てが大西さんによってうたわれたものである。

さて、囃し詞を除いて詞章を見れば、次のようになる。

♩=120ぐらい
おやをーナ　ーーーーた　いせ　つーヤッ　ソコ
ーナイこがー　ね　ーーーのはーこーーにーーいれーてー
サ　ーサイリョガいーーーれー　て　ヤーーもーちーー
たーーいーーいー　つーまでーもト　シェ

親を大切（七）黄金の箱に（七）入れて持ちたい（七）いつま
でも（五）

親をいつくしむ内容ではあるが、この詞章はあまり他では見つからない。しかし、次の詞章はおなじみである。

親の言うことと（八）（七の字余り）なすびの花は（七）千に
一つも（七）仇がない（五）

そして両者はいずれも近世民謡調なのである。したがって江戸時代後半からうたわれていたらしいことは、これではっきりするのであるが、今のところ隠岐地方でもそう知られた部類の盆踊り歌とまでは言えないようだ。

また、二番目の詞章のはじめの方は、「親の言うこと…」ではなく、「親の意見と…」となっている場合が普通である。

それはそれとして、たまたま大西さんのうたってくださった詞章は、共に親を大切にしようとしている内容であり、先祖を供養する目的を持った盆にうたわれる歌としては、なかなかふさわしいものと思われる。

歳徳神歌

60 うれしめでたの（松江市島根町）

伝承者　松江市島根町瀬崎　木村源之助さん・昭和三十八年当時六十八歳

ア　うれしめでたのナー　アラ　ヨーホイ
　ヨーイ　若松様は
ヤートコシェー　ヤートコシェ　ヤー
ハレワイシェー
コレワイシェー　ナー　ハンデモーシェー
枝が栄えてナー　アラ　ヨーホイー
ヨーイ　ヨーイヤー　葉も茂る
ヤートコシェー　ヤートコシェー
ヤー　ハレワイシェー　コレワイシェー
ナーハンデモーシェー

正月に歳徳神《さいとくじん》の納まった御輿《みこし》を担いで回る、いわゆる宮ねりのおり、この歌はうたわれる。出雲地方の神社の境内には、このような正月の神である歳徳神を宮倉に納めるところが多い。

ここ島根半島の地方では、とりわけ年初めの行事が多い。詳しいことは聞き漏らしたが、若者たちが集まって歳徳神を担いで集落を回り、人々はそのご利益に与《あずか》ろうとするのであろう。

囃し詞を除いて基本形を示せば次のように、おなじみの近世民謡調であることが分かる。

うれしめでたの（七）若松様は（七）枝が栄

えて（七）葉も茂る（五）

歌の詞章については、もちろんこれ以外にもいろいろと縁起の良いものが用意されている。木村さんはこ

♩=66ぐらい
アーーーう　れ　し　ーめーでーた　の　ー　ーナーアラ
ヨ　ホ　イヨ　イ　わ　ーか　アーー　ま　ーつー　ーーー
さ　まーー　ーは　ヤ　ー　ト　コーーー　シェ　ヤ
ー　ト　コーーシェ　ヤ　ー　ハレワイシェ
ー　コレワイシェ　ナー　ハーン　デ　モーシェ

のとき以下の歌もうたってくださっている。囃し詞を除いて基本形を挙げておこう。

瀬崎よいとこ朝日を受けて　お山嵐がそよそよと
こちの親方元から良いが　今は若世でなお良かれ

また、当地で歳徳神歌といわれているものの中でも、小正月のトンドのとき、一軒一軒家を回るおりにうたわれる歌もあった。同じ日に田中ステさん（八十一歳）が次のようにうたってくださった。

新竹寒竹　かやの竹　竹を三本筒抜いて
竹のおらぼに絵馬をつけ　絵馬のおらぼへ
さりをつけ　はりのおらぼに　エドかけて
吹き戸なんかい　はせ出いて
大黒三郎が共乗りで
恵比寿なんどが中乗りで
雄鯛雌鯛《おんだいめんだい》つくづくと　挙げて見たれば　ふみこ鯛
これほどめでたい　ことはない
あなたのお蔵に　納めましょ

既に意味が不明になった部分もあるが、ともかく見事なものであった。

麦搗き歌
61 五月は（浜田市金城町）

伝承者　浜田市金城町七条　片山イチさん・昭和三十六年当時七十四歳

五月《ごんがつ》は　組の寄り合い
教えてたもれ　田姿を
田姿は　教えまいらしょ
のうばは　笠の輪の内

麦搗き歌の旋律は、いつ聞いてもものわびしいものがある。ここに挙げた詞章からは、麦搗きというよりは、田植えをうたった内容である。ただ、麦搗き歌と称する歌は、元々は麦搗きのおりに用いられていたが、次第に田植え歌に転用されてきたといわれているので、それであるならば、詞章の内容に田植えについてのものがあるのも、自然な変化だといえる。

さて、最初の歌の出だしである「五月」というのは、田植えを行う月のことであり、お互いの家の田植えを、組内で助け合って行うのが慣習だったから、その田仕事の相談の様子をうたっている。そして嫁に来たばかりの若妻が、組内の一人に田植えの服装を聞いている。その答えに当たるのが二番であるが、残念ながらわたしには「のうばは笠の輪の内」の意味がはっきりしない。どなたかご存じの方は教えていただき

だきたい。

ところで、この詞章の音節数は、それぞれ次のようである。

五月《ごんがつ》は（五）組の寄り合い（七）教えてたもれ（七）田姿を（字余り）（五）

田姿は（五）教えまいらしょ（七）のうばは笠の（七）輪の内（四）

このスタイルは古代調ということになる。したがって、かなり古い時代からうたい継がれて来たことが推定される貴重な歌と思われる。

片山さんは、わたしがうかがったおりに、他にも麦搗き歌を教えてくださった。いずれもなかなか聞くことの出来ないような貴重な詞章の歌である。せっかくの機会なので、以下にそれを紹介しておく。

麦搗いて　米に替えましょう　明日こそ米の大田よ
大田なりと小田なりと　嫁しよびようたわしょ
ぴよぴよと鳴くは鵯《ひよどり》　鳴かぬは池の鴛鴦《おしどり》
鴛鴦が思いこそは　羽根をば頼みこうかちょ
長浜の婿が来るやら　二人来るやら　諸刃にかけてよろおす

最後の歌の後半は、はっきりと聞き取れなくて残念ではあるが、記しておくことにした。このところは五七七四のスタイルになっていないので、崩れた形であることもご留意いただきたい。

田植え歌
62 思て七年（安来市広瀬町）

伝承者　安来市広瀬町布施　小藤宇一さん・昭和三十九年当時七十九歳　山脇末子さん・四十五歳

思《おも》て七年　通《かよ》たが五年
肌に添うたが　ただ一度

田植え歌の中でもいつうたってもよい歌を、出雲地方あたりではカツマと言っている。これはそのカツマの一つである。

さて、この田植え歌には、男女の間をどぎつくうたった恋の歌が多い。本来は歌を田の神に捧げ、豊作を願うところに田植え歌のねらいはあったはずであるが、やがて田植え作業の辛さを少しでも解消するために、いろいろと人々の思いを託した詞章が考え出されたのであろう。

ここに挙げた歌も、そのような素朴な人々の思いがそのまま詞章となっている。類歌は各地に見られるが、次の歌は飯石郡飯南町角井で聞いたカツマである。

思うたが七年　通うたが五年
肌に添うたが　ただ一夜
（後長スエノさん・明治四十二年生）

このような詞章は、ごろごろ転がっている。せっかくの機会なので、後長さんからうかがったそのような歌を紹介しておく。

♩=108ぐらい
おもてーー しちねんーかー よたーがー ごーねーん
ーはーだーー にそうーたーがたーーだーーー いちーど

咲けと言われりゃ　咲かねばならぬ　咲けば実がなる　恥ずかしや

来いと言われりゃ　川でも渡る　川が深けりゃ舟でくる

一夜《ひとや》ならねば　半夜さなりと　枕並べて寝てみたい

長い刀で　ちょん切られとも　好いた間男やめられぬ

なんぼ夏でも　背戸風ゃ寒い　袷《あわせ》着て来い忍び夫《づま》

雪駄ちゃらちゃら　門まで来たが　思案するやら音がせぬ

虎は千里の薮さえ越すに　障子一重がままならぬ

好いたお方と　朝日の出ばな　顔が真向きに拝まれぬ

あなたみたよな　牡丹の花が　咲いております来る道に

あなた思えば三度の食も　喉につまりて湯で流す

わたしゃあなたに　ほの字とれの字　後のたのじが恐ろしい

祝い歌
63 おわら行きゃるか（隠岐郡知夫村）

伝承者　隠岐郡知夫村仁夫　中本おまきさん・明治三十八年生

ハー　おわら　ヤー　エー
アー　行きゃるか
いつ帰りゃんすエー
遅しナー　エー　アァ四月の　オーワラ
中ばごろー
アー　オワラノ　コメトギャ
ドコカラ　デルカイ

何かの祝いの席などでうたわれている歌だという。これは竹で編んだソウキという道具（穀物を入れて、それを洗うようなときに使われており、一方が口の開いたもの）に米を入れて、水で研ぐような所作をしながら、柄杓《ひしゃく》を持って踊るものだという。

おもしろいと思われるのは、最初の「おわら」という言葉である。これは決して囃し詞ではなく、人名として使われている。ややこしいので、念のため囃し詞を除いて見てみると「おわら行きゃるか、いつ帰りゃんす」となる。この歌の全体の意味を少し分かりやすく書けば「おわらさん、お出かけですか。そしていつお帰りですか。遅くとも四月の中頃には帰ります。」ということになる。

けれどもそれから後に出てくる「四月の、オーワラ」「アー　オワラノ」については、人の名前ではなく、あくまでも囃し詞なのである。どうして人名と囃し詞が似た形で存在しているのか分からないが、そのようなところが、昔の離島でうたわれていた歌らしく、いかにものんびりしているとでもいえばよいのであろうか。

この歌は、今はあまりうたわれていないようだが、昔は盛んにうたわれていたのだろう。しかも、穀物などを洗うために、ふだんから使われていたソウキを持ち、併せて柄杓をも小道具として利用しながら、祝いの気分を盛り上げようとするのも、素朴な中に、この家では心配なくご飯が食べられるというが、裏面に隠されているのではないかと考えられる。詞章を囃し詞を抜いて並べると次のようになる。

おわら行きゃるか（七）いつ帰りゃんす（七）遅し四月の（七）中ばごろ（五）

このようになり、おなじみの近世民謡調であることが理解できる。そのような点から考えると、この「おわら」は江戸時代の後半には、当地の祝いの席で大いにうたわれていたものであろうと推察されてくる。

ただ、これまで調べてみても、なぜか他の隠岐地方でも、まだ聞かれない。知夫村で収録できたということは、他の地方では、既に消えてしまった歌であっても、そこは離島ゆえ、島の人々に大切にされて、生命長く伝承を続けているからではなかろうか。

田植え歌
64 腰の痛さよ（仁多郡奥出雲町）

伝承者　仁多郡奥出雲町前布施　植田アサノさん・明治四十三年生

腰の痛さよ　この田の長さ
四月五月の日の長さ

平成六年八月、尾原ダム建設のおりの民俗調査でうかがったものである。前布施は旧・仁多町に属している。またこれは「かつま」と称するいつうたってもよい種類の田植え歌であった。まず音節数を見ておこう。

腰の痛さよ（七）この田の長さ（七）四月五月の（七）日の長さ（五）

つまり、この歌は七七七五の近世民謡調であり、内容は言わずと知れた田植えの辛さをうたったものである。今とは違って、人海戦術でしか田を植えることが出来なかった昔は、早乙女たちが腰をかがめながら、苗を一本一本田の中へ植えなければならなかった。広い田んぼでの作業は、本当に辛く苦しいものだったのである。したがって、早く終わって楽になりたいと思うのが人情ではあるが、結《ゆ》い仲間とか集団で植える場合は、自分勝手は許されないので、よけい辛く厳しいものだったのである。「腰の痛

さよ、この田の長さ」と田の大きさを嘆き、また「四月五月の日の長さ」と、一日の長いことを恨むような詞章が続いているが、早乙女たちの気持ちが見事に凝縮しているのである。

しかし、そうは言っても、田植え歌はもちろん辛い詞章ばかりとは限られていない。愉快な内容の歌もたくさんあり、そのような歌をうたいながら、楽しんで作業していたことも事実である。旧・仁多町で聞いたそのような詞章を少し挙げておこう。いずれも林原地区の田中マサノさん・明治四十五年生から聞かせていただいた「かつま歌」である。

恵比寿大黒　棚から落ちて
痛さこらえて　笑い顔

鳥も通わぬ　玄海灘を
戦《いくさ》すりゃこそ　二度三度

咲いた桜に　なぜ駒つなぐ
駒がいさめば　花が散る

姑嫁ふりゃ　嫁おなごふる
おなご釣瓶《つるべ》の　縄をふる

最初の歌は「恵比寿大黒、出雲の国の、西と東の、守り神」のパロデイであり、二番目、三番目は、いたってまじめであるが、最後の歌は、次々と弱い立場の者に当たり、おなご（今風に言えばお手伝いさん）は、当たる者がないので釣瓶《つるべ》の縄に当たったというのである。

草取り歌

65 沖を走るは（益田市美都町）

伝承者　益田市美都町二川　金崎タケさん・昭和三十六年当時六十六歳

沖を走るは　丸屋の　丸屋の船か
丸に　サー　屋の字の
ヤーレー　帆が見える
丸に　ヤーレー　屋の字の　帆が見える

何ともゆったりした草取り歌である。田植えをした後、しばらくすると、田んぼに草が生え始める。一番草、二番草…と農家にとっては辛い草取りの作業が始まる。この歌はその作業の際にうたわれるのである。返しの部分を省いて音節数を見ると、七七七五の近世民謡調となる。沖を走るは（七）丸屋の船か（七）丸に屋の字の（七）帆が見える（五）

この「丸に屋の字の帆」であるが、江戸時代の元禄の頃（一六八八～一七〇三）、江戸大伝馬町の三丁目に丸屋某なる廻船問屋があったといわれ、そのことをいったものらしい。類歌として明和八年（一七七一）の序がある書物『山家鳥虫歌』の肥前国（現在の佐賀県・長崎県）の歌「平戸小せどから舟が三艘見ゆる、丸にやの字の帆が見ゆる」があり、この歌も美都町の歌と同工異曲というべきだろう。

♩=60ぐらい
おきを　は　し　るーーは　ーーー　ーー　ま　ーー　る　や　ーーー
ーーのーー　ー　ま　ーーーーーる　や　ーーー　のーーー　ふ
ね　ーーーーか　ま　るにサ　やーーーーのじ　ーーーの　ヤー　ーー
レ　ほーーーーがーみ　ーー　え　ーーる　ーー　ま　ーるーーに
ヤ　レや　ーーの　ーーじ　ーーーの　ほーー　が　み　ーーえーる　ー

この『山家鳥虫歌』は江戸時代、全国で流行していた労作歌を集めたもので、上下二巻から成り、合わせて二九四曲の詞章が掲載されている。そしてこの中には、今日でも広くうたわれているものがいくらでも見られる。舟という点から眺めると、山城国（京都府の南東部）風として「舟は出て行く帆かけて走る、茶屋のをなごは出て招く」があり、この歌などは別に京都ならずとも、よく聞く詞章である。一般に七七七五調の歌の詞章は、特定の地方に決まってあるというよりは、そのような地域性とは無縁で、多くの地方でうたわれているのである。

今少し、同書から島根県関連の歌を挙げておこう。まず出雲国から。

これの石臼　ふかねどもまはる
風の車なら　猶よかろ

「ふかねども」は出雲的な発音から「挽《ひ》かねども」を聞き違えて記されたものであろう。石見国では、

鬮の地藏に　振袖きせて　奈良の大佛　聟にとろ

隠岐国では、

いなしょいなしょと　思うたうちに、
太郎が生まれて　いなされぬ

などが見られる。しかし、実際これらの詞章は全国的にうたわれていたと見るべきなのである。

麦搗き歌

66 麦搗きゃ何よりこわい（隠岐郡海士町）

伝承者　隠岐郡海士町保々見　井上ヨシさん・明治三十五年生　川西ツギさん・明治三十二年生

(A) ハア　麦搗きゃ　何よりこわい
(B) アラ　やめにして　寝るが楽
(A) 寝るは楽　何よりこわい
(B) アラ　やめにして　寝るが楽
(A) アー　行きやるか　いつ戻りゃるか
(B) アラ　五月の　中のころ
(A) 中ごろで　いつ戻りゃるか
(B) アラ　五月の　中のころ

※（A）の詞章は音頭取りとして井上さんがうたい、（B）は川西さんがつけてうたわれた。

離島である隠岐島の島前《どうぜん》地区、海士町保々見でうたわれていた素朴な麦搗き歌である。音頭取りがうたいかけると、それに呼応して、別の人が後の詞章をつける。そういう繰り返しで、歌は続けられていく。

歌の内容であるが、「辛い麦搗きをするよりは、そのような面倒な仕事はやめておいて、横になって寝ているのが楽だ」というのである。人間の楽をして過ごしたいという本能が、そのままうたわれているだけである。厳しい農作業が続き、そうしなければ生活できなかった、かつての人々の姿が、このストレートにうたった詞章の背後から見えてくるようである。

二つめの歌はどうだろうか。近所の人かだれかが、旅に出ようとする人物に「出かけるのですか。お帰りはいつになるのですか」と話しかけている。聞かれた本人は「そうですね。帰りは五月の中ごろになりそうです」などと応じるのである。平素の何気ない会話が組み込まれた単純な内容である。

詞章を音節数で見てみると、これまでよく出てきた七七七五の近世民謡調とは違っている。囃し詞や返しを別にして眺めてみよう。

麦搗きゃ（四）何よりこわい（七）やめにして（五）寝るが楽（五）

行きやるか（四）いつ戻りゃるか（七）五月の（五）中のころ（五）

二つとも四七五五調となりちょっと変わっている。これは古代調の五七七四の音節数から成る歌でもなく、盆踊り口説きに見られる七七七七…と続く形でもない。ましてや五七五七七の短歌スタイルでもない。この「麦搗き歌」はまったく独立したスタイルを持っている。

筆者は詞章の素朴さと、単純なスタイルから見て、成立時代は、かなり古いのではないかと想像している。

餅つき歌

67　うれしめでたが（仁多郡奥出雲町）

伝承者　仁多郡奥出雲町上阿井　山田福一さん・昭和三十九年当時五十三歳ほか

うれしナーアー　めでたがヨー
三つ　四つ　五つ
五つ重なりゃサノーエー　五葉の松
ヨイショ　ヨイショ　ヨイショ　ヨイショ

うれしナーア　めでたのヨー　若松さまが
枝も栄えてサノーエー　葉も茂る
ヨイショ　ヨイショ　ヨイショ　ヨイショ

枝もナーア栄えてヨー　葉も茂たがヨー
命《いのち》ゃ長かれサノーエー　姫小松
ヨイショ　ヨイショ　ヨイショ　ヨイショ

いずれも縁起のよい内容をそなえた詞章である。これは祝いの餅を搗くときにうたわれる歌だから、詞章もそれにふさわしいものが準備されているというわけであろう。そしていずれも七七七五調、つまり、近世民謡調である。

何かの祝い事で大勢が寄り、景気よく餅を搗いている様子が、目に浮かんでくる。

さて、この詞章も江戸時代には各地でうたわれていたようで、明和八年（一七七一）の序がある『山家鳥虫歌』の中には、よく似た次の歌

135　うれしめでたが

が紹介されている。

♩=66ぐらい
うれ しーーナ　ー アーーー めで　ー ーたーーー がー　ヨ
み　つー よ ーつ　ーーーー ーいー　つ ーーーーつ
いーーつ ーーー　つ か ーさ ーーー ー　あー ー　な ーーーりゃ サ
ノ　ーエ　ご よ う の ー　ー　まー ー　つ ヨイショヨイショヨイショ

めでためでたの　若松さまよ　枝も榮える　葉もしげる

奥出雲町の二つめの歌の詞章も囃し詞を省いてみれば、

うれしめでたの　若松さまが　枝も栄えて　葉も茂る

このようになり、ほとんど同じである。『山家鳥虫歌』で「めでためでたの」が奥出雲町では「うれしめでたの」と、最初の「めでた」が「うれし」と変わり、同様に「若松さまよ」が、たった一音「若松さまが」と「よ」を「が」にした形でうたわれているだけである。また、奥出雲町の他の歌、

うれしめでたが　三つ　四つ　五つ
五つ重なりゃ　五葉の松
枝も栄えて　葉も茂たが
命《いのち》ゃ長かれ　姫小松

この二つは、『山家鳥虫歌』には出ていないが、当然、同じように江戸時代から歌い継がれてきていると推察されるのである。

盆踊り歌

68 思い出すよじゃ（鹿足郡吉賀町）

伝承者　鹿足郡吉賀町幸地　中村友一さん・昭和四十二年当時六十二歳

アラ　エー
思い出すよじゃ惚れよが浅い
アラ　ヨウダシタ
思い出さずにゃアー
チョイト　忘れずにゃ
アラ　エーイ　エーイト　サンサー

アラ　エー
思ちゃおれども　言いかけにくい
アラ　ヨウダシタ
心やすいが　チョイト　玉に瑕《きず》
アラ　エーイ　エーイト　サンサー

この盆踊り歌は、長編でいわゆる口説きといわれる種類の歌ではなく、七七七五の近世民謡調であり、それぞれ独立しているので、順序など関係なく、自由にうたわれるものである。

思い出すよじゃ（七）惚れよが浅い（七）思い出さずにゃ（七）忘れずにゃ（五）

思ちゃおれども（七）言いかけにくい（七）心やすいが（七）玉に瑕《きず》（五）

二つとも男女の機微を歌い上げたものである。最初の詞章は、明和八年（一七七一）の序がある『山家鳥虫歌』の大隅国（鹿児島県）のところに、次のように記されている。

思ひだすとは　忘るるからよ　おもひ出さずに　忘れずに

多少の違いは見られるものの、基本的には共通ししている。実は同想歌は、もっと古く永正《えいしょう》十五年（一五一八）に作られた『閑吟集』の中にも次のように出ていた。

思ひだすとは　忘るるか　おもひださずや　忘れねば

そうしてみれば起源はかなり以前にさかのぼることができるのである。同じ歌い手からうかがった別な歌としては、

青い松葉の　心底見やれ　枯れて落ちるも　二人連れ

山が高うて　あの家が見えぬ　あの家恋しや　山憎や

このような歌があるが、いずれも江戸時代から伝えられている歌に違いないものであろう。

盆踊り歌

69 五箇の北方は（隠岐郡隠岐の島町）

伝承者　隠岐郡隠岐の島町中村　千葉ヨシノさん・明治三十五年生　石井光伸さん・昭和六年生

（A）五箇の北方《きたがた》は
　住みよい
（B）ヤレけれど　灘
（A）の嵐が顔にしょむ
（B）顔にしょむ　灘
（A）の嵐が顔にしょむ

※（A）（B）のように二人が交互にうたう。

この盆踊り歌は、一名「北方節」とも呼ばれている。そして少し変わった歌い方をする。

この詞章を見れば、おなじみの近世民謡調で、音節数は七七七五である。したがって囃し詞などを抜いて並べれば、次のようになる。

五箇の北方は（八）住みよいけれど（七）灘の
嵐が（七）顔にしょむ（五）

最初の八音節は、七音節の字余りであり、歌い方が特殊な形になっている。普通は自然な文節で切って、次の人と交代するが、この歌は必ずしもそうではない。例えば「住みよいけれど」で切るのではなく、「けれど」から別の人に交代している。また「灘の嵐が」でまとまっ

ているのに、「灘」で切って次の人が「の嵐が顔にしょむ」と続けている。まさに常識を逸脱して交代するところに、この北方節独特の歌い方がある。

語句の「五箇」は平成の大合併前の「五箇村」のこと。「北方」は、その大字名である。「顔にしょむ」の「しょむ」は、「しみる」の意味を持った言葉の方言であることは、特に説明するまでもなかろう。

この盆踊り歌は、昭和六十年に聞かせていただいた。他の詞章も囃し詞を省略して、以下に紹介しておく。

わしのたまだれ　かますに入れて
怒《おこ》る親衆に　負わせたい
盆が来たらこそ　麦に米混ぜて
中に小豆が　ちらぱらと
殿の寝姿を　窓から見れば
五月野に咲く　百合の花
空の星さよ　夜遊びするに
わしの夜遊び　無理がない
（たまだれ＝放蕩すること。また、その人のこと）

歌い手の千葉さんは、このとき八十三歳であったが、年齢をまったく感じさせない素晴らしい歌声であった。そしてまた石井さんも重厚な美声だったことを、今思い出してもしみじみとして、懐かしい気分がよみがえってくるのである。

田植え歌

70 雨が降りそな（鹿足郡吉賀町）

伝承者　鹿足郡吉賀町柿木村下須　川本一三さん・昭和三十七年当時五十三歳

雨が降りそな　台風がしそな
思う殿御さんが　流れそな

田植え歌の中でも七七七五の音節数からなる、近世民謡調のものを、ここ吉賀町あたりでは端歌《はうた》と称し、出雲地方などのように「かつま」とは言っていない。

それはともかく、この詞章の大袈裟《おおげさ》なことはどうだろう。

恋に身を焦がした娘心なればこそ、雨が降りそうな気配から、次々と先を読んで、一人で心配しているさまを、おもしろおかしく表現している。

厳しく辛い田植え仕事も、こうした愉快な歌を口ずさむことによって、労働の苦しさを忘れさせ、作業を捗らせるのであろう。

川本さんは、次々とそのようなラブソングをうたってくださった。

思う殿御が　ちらちらすれば
いらぬ水まで　汲みに行く

この歌もまた女性の恋心を見事にうたいあげ

ている。

♩=69ぐらい
あめが　ーふり　そーー　な　たいふ　うが
しそーな　おもう　とのごさ　ーーんが　ながれ　ーそ　な

さまは三夜の　三日月さまよ　宵にちらりと　見たばかり

会いたいと思っても、なかなかそううまくはことが運ばない。そのような現実をうたっている。

川本さんは、本当にこのような労作歌がお好きであった。その気持ちは、以下の歌に託してうたっておられたようである。

わたしゃ歌好き　うたわにゃならぬ　歌でこの身は　果ててでも

歌え十八　声張り上げて　声の出るのは　若いとき

そうかと思えば、次のような歌で笑わせられたこともある。

うたえうたえと　せきたてられて　歌は出ませぬ　汗が出る

出ませぬ　歌は　歌は出ませぬ　汗が出る

これらの歌は、筆者が三十代になるかならないかのころうかがった。江戸時代の終わり頃出た民謡集『山家鳥虫歌』ではないけれど、そこにあるのと同じような歌が、いくらでもうかがえたことが、本当に懐かしい。

「島根の民謡」うたい出し索引

[あ]

[い]

[う]

[え]

［こ］

［さ］

［し］

[す]

[せ]

[そ]

[た]

[ち]

[つ]

[て]

[と]

[な]

著者略歴

酒井董美（さかい　ただよし）

昭和10年生まれ。松江市出身。昭和32年、島根大学教育学部中学二年課程修了。玉川大学文学部卒業（通信教育）。島根県下の中学校・高等学校に勤務した後、大学に転じた。山陰両県の口承文芸を収録・研究している。平成11年、島根大学法文学部教授を定年退官、鳥取短期大学教授となり、平成18年退職。現在、松江市大庭町にある出雲かんべの里館長。昭和62年　第27回久留島武彦文化賞受賞。

主要著書（伝承歌謡関係）
『石見の民謡』—山陰文化シリーズ19—西岡光夫氏と共著（今井書店）
『島根のわらべ歌』尾原昭夫氏と共著（柳原書店）
『鳥取のわらべ歌』尾原昭夫氏と共著（柳原書店）
『山陰の口承文芸論』（三弥井書店）
『山陰のわらべ歌』（三弥井書店）
『向かい山猿が三匹とおる』—石見の民話・民謡・わらべ歌—（ハーベスト出版）ほか多数

藤井浩基（ふじい　こうき）

昭和42年生まれ、米子市出身。島根大学教育学部特別教科音楽教員養成課程卒業。京都市立芸術大学大学院音楽研究科（修士課程）音楽学専攻修了。専門は、音楽科教育、音楽学。特に日韓音楽教育関係史をテーマに研究を重ねるほか、音楽科教育における地域の音楽文化の教材化に取り組んでいる。平成15年、韓国国立韓国芸術総合学校音楽院客員研究員。現在、島根大学教育学部、同大学院教育学研究科准教授。鳥取短期大学非常勤講師。博士（芸術文化学、大阪芸術大学）。

イラスト作者略歴

福本隆男（ふくもと　たかお）

昭和32年生まれ。島根県海士町出身。
島根県立隠岐島前高校卒業後上京。埼玉県三郷市在住。
萩坂　昇『四季の民話』（教育労働センター）
ＮＨＫ松江放送局制作「山陰の昔ばなし」
酒井董美『島根ふるさとの民話』㈲ワン・ライン）
酒井董美『山陰のわらべ歌』（三弥井書店）などのイラストを担当

島根の民謡

平成21年8月4日　初版発行

定価はカバーに表示してあります

Ⓒ著　　書　　　酒　井　董　美
　　　　　　　　藤　井　浩　基

発 行 者　　吉　田　榮　治

発 行 所　　㈱三 弥 井 書 店

〒108-0073　東京都港区三田3-2-39

電話03-3452-8069

ISBN978-4-8382-3185-0

万一、乱丁・落丁・CDの破損等がございましたら、直接、小社までご連絡を下さい。御取り替えいたします。

ごうぎん島根文化振興財団助成事業